LE DROIT SOCIAL

BRUNO DENKIEWICZ

LE DROIT SOCIAL

Une aventure française

Préface de
Jacques Barthélémy

LES ÉDITIONS DU CERF

www.editionsducerf.fr
24, rue des Tanneries
75013 Paris

ISBN : 978-2-204-15614-1

À mes proches,
À celles et ceux que j'ai rencontrés,
À celles et ceux que je croise encore.

Préface

C'est un réel plaisir pour moi de rédiger la préface de cet ouvrage réalisé par Bruno Denkiewicz et ceci pour deux raisons importantes, complémentaires l'une de l'autre :

En premier lieu, Bruno Denkiewicz est aujourd'hui le plus ancien avocat associé en activité du cabinet identifié par mon patronyme. Il est particulièrement agréable qu'au moment de son départ en retraite, il ait eu l'envie de produire une telle communication, permettant, de ce fait, de solidifier sa présence dans l'histoire de notre communauté identifiée par des critères forts – et statutaires – concrétisés par les mots « concorde » et « excellence » qui ont fait d'elle un cabinet unique – c'est un clin d'œil à l'immense Paul Durand – une « entreprise-institution ». La concorde matérialise l'idée que l'économie est au service de l'homme et non l'inverse ; l'excellence est matérialisée par l'approche organisationnelle du droit social que décline la conception fonctionnaliste du droit. La très longue présence de Bruno Denkiewicz au sein du cabinet témoigne de son attachement à cette identité et à ces valeurs. Son initiative d'écrire cet ouvrage atteste qu'il a voulu contribuer à sa pérennisation. Umberto Eco disait que les écrits littéraires sont l'antithèse de l'immortalité en faisant revivre le passé. Cet ouvrage est de ce fait aussi un témoignage d'amitié à mon égard, et je lui en suis infiniment reconnaissant.

En second lieu, l'objectif poursuivi par Bruno Denkiewicz qui, en conséquence, donne la structure à l'ouvrage, à savoir son ambition de faire l'inventaire, dans une approche d'abord historique, des textes ayant marqué l'évolution du droit du travail – du droit social ? – depuis le septennat de Valéry Giscard d'Estaing jusqu'à Emmanuel Macron. La présentation sans analyse doctrinale des dispositifs légaux et parfois conventionnels est destinée à faciliter la connaissance formelle des profondes mutations intervenues. Il peut s'agir de celles – majoritaires – ayant eu vocation d'améliorer la fonction protectrice génétique de ce droit, dont le statut du travailleur, ou de celles améliorant le passage d'un droit essentiellement réglementaire – lié à la suspicion à l'égard du consentement du travailleur protégé donc surtout par la loi – à un droit plus contractuel. Un droit qui accorderait une autonomie et une place plus grande au tissu conventionnel leur permettant l'adaptation des normes au contexte, à l'objectif poursuivi mais aussi faisant des acteurs de véritables partenaires sociaux et non plus seulement des sujets de ce droit.

De l'abondance, sans cesse plus grande, du tissu législatif, Bruno Denkiewicz tire, amèrement, comme leçon que ce droit, bien qu'essentiel pour la protection des travailleurs et l'amélioration des libertés, n'est connu ni de ses bénéficiaires, ni de ses utilisateurs. On songe aux propos de Montesquieu selon lequel le signe le plus avéré de la décadence d'une société est la prolifération des lois. De surcroît, le poids excessif du code du travail induit une place très (trop) importante au pouvoir de décision unilatérale de l'employeur qui induit la vocation de cette discipline à être d'abord d'ordre procédural. Ce constat ne peut qu'entraîner celui de la condamnation d'un droit social légal décisif mais aussi conventionnel tant les partenaires sociaux se contentent de dérouler les règles au lieu d'inventer des relations.

L'émergence – depuis peu – d'un droit plus contractuel est sans doute à saluer positivement. Néanmoins, n'ont pas (encore) été affinées les règles permettant à l'accord collectif de faire pleinement et seul la loi des parties, sous réserve de ce qui relève de l'ordre public mais aussi de l'institution unique de représentation élue du personnel de devenir le « conseil d'administration » de la collectivité de travail. Bruno Denkiewicz le constate et le déplore, les comportements des acteurs sociaux n'ont ainsi toujours pas évolué en conséquence, ce qui réduit fortement les effets positifs de cette évolution.

Bref, un grand bravo pour cet exercice attestant de la connaissance puisée dans la pratique de l'expert. Un grand bravo pour cette construction originale ayant surtout comme ambition de mettre froidement sur la table les textes, donc les évolutions en résultant. Un tel livre me réjouit, lui qui émane d'un excellent juriste qui fut mon stagiaire puis mon collaborateur et enfin mon associé, et qui est, aujourd'hui, le plus ancien du cabinet. Ce travail ne peut que contribuer à améliorer le patrimoine immatériel du cabinet.

Jacques Barthélémy
Fondateur du cabinet Barthélémy Avocats en 1965
Avocat-conseil en droit social honoraire
Ancien professeur associé à la Faculté de droit de Montpellier

Avant-propos

Un regard sur 45 ans d'évolution du droit du travail, de Giscard et Mitterrand à Macron

L'employeur

Pour l'employeur le code du travail s'est étoffé, la réglementation a beaucoup évolué aux niveaux européens, conventionnels, etc. Le contrôle administratif s'est intensifié. Malgré tout, on peut s'interroger sur l'effectivité de l'application des normes. La judiciarisation s'est aussi développée tant pour les relations individuelles que collectives et l'aléa judiciaire est important. Malgré ou grâce à ce foisonnement et l'incitation de la négociation collective d'entreprise, la gestion unilatérale du personnel demeure :

– La négociation collective d'entreprise préalable à l'adoption de décisions n'est obligatoire qu'à partir de 50 salariés pour certains thèmes si – et seulement si – une représentation syndicale existe.

– La représentation élue à partir de 50 salariés n'a pas le pouvoir de négocier si l'employeur ne l'accepte pas ou ne la provoque pas.

– En dessous de 50 salariés, les élus du personnel sont cantonnés à un pouvoir de réclamation.

– En dessous de 11 salariés, aucune forme de représentation collective ou de concertation obligatoire n'est prévue.

Le pouvoir de direction s'exerce unilatéralement via des pratiques, des notes de service, des réponses aux représentants du personnel. Si la convention collective comprend des accords sur les dérogations permises par la loi, l'employeur peut ainsi se contenter d'appliquer unilatéralement ces dispositions sans avoir besoin de négocier. Par exemple :

– Définir les rémunérations minimales applicables selon le coefficient attribué aux emplois existants et selon la grille des salaires définie au niveau de la branche.

– Appliquer un aménagement du temps de travail sur plusieurs semaines voire en cas d'accord collectif de branche sur l'année sans l'accord du personnel concerné.

– Contracter avec un organisme assureur de son choix (institution de prévoyance, mutuelle, compagnie d'assurances) pour appliquer les dispositions conventionnelles quand il en existe en frais de santé ou en prévoyance ou le panier de soins minimum prévu par la loi.

– Organiser la réalisation du travail avec le souci de la sécurité.

– Communiquer auprès des salariés selon une forme, une périodicité, un contenu qu'il définit.

– Organiser les temps de repos par une répartition des heures de travail entre 4 et 6 jours, planifier la prise des congés annuels, maîtriser la prise des RTT selon ce que prévoit le dispositif.

– Le contenu du contrat de travail est balisé par la convention collective ou pour les CDD et temps partiels par la loi ; en dehors de la période d'essai, de la clause de non-concurrence et d'une clause de délégations de pouvoir, les dispositions figurant sur le contrat de travail ne nécessitent pas l'accord du salarié !

– Aussi bien pour la mise en place des représentants élus du personnel que pour le fonctionnement de la représentation élue ou syndicale, un accord collectif n'est pas requis.

En conséquence, il revient au chef d'entreprise de veiller à la qualité de la vie au travail. Qu'il s'agisse du bruit, de la température, de l'éclairage ou encore de l'ambiance : tout repose sur lui. Des services extérieurs à l'entreprise sont là pour veiller au grain et si l'employeur décide du choix du matériel par exemple, il engage en contrepartie de ce pouvoir, sa responsabilité pénale ou celle de la société qu'il préside.

La réglementation étatique ou conventionnelle ignore de nombreux besoins, problèmes et questions. Ainsi sans exhaustivité :

– La citoyenneté dans l'entreprise : en dehors de l'élection d'un comité social et économique (CSE) tous les 4 ans, quelle place donne-t-on à l'expression du salarié ? La loi de 1982 sur le droit d'expression des salariés sur le contenu, les conditions d'exercice et l'organisation du travail a été oubliée : qui l'applique encore ? Faut-il que l'expression ne passe que par la représentation élue ou syndicale ? Les CSE et les syndicats ont la possibilité d'organiser des réunions d'information : quand elles existent, c'est en dehors du temps de travail des participants. Certes l'échange avec le représentant de l'employeur est toujours possible, mais est-ce une réalité ?

– La santé au travail : le recours à la médecine du travail s'est espacé avec le temps, des outils ont été imaginés et mis en place (par exemple le droit d'alerte en cas de danger grave et imminent et la prévention des agissements sexistes) : mais quelle efficacité ont-ils, en particulier dans une entreprise de moins de 50 salariés ?

Le droit du travail a oublié la relation individuelle avec le salarié pour se concentrer sur l'organisation des relations collectives avec la représentation élue et syndicale.

Les syndicats

Pour les syndicats, quel bilan ? Sur les cinquante dernières années, aucune Confédération salariale n'a été reconnue représentative sur le plan interprofessionnel en plus des cinq existantes : CFDT, CGT, FO, CFECGC et CFTC. Certes des fédérations comme UNSA, SUD et Autonomes ont pu se voir reconnaître le droit de participer à certaines négociations de branche, mais le paysage syndical n'a guère évolué depuis 1964, date de la scission au sein de la CFTC, ayant abouti à la création de la CFDT. En dehors des Secrétaires Confédéraux ou Confédérales de la CGT et de la CFDT voire de FO, qui aujourd'hui est en mesure de citer le nom du président de la CFTC ou de la CGC ? Qu'est devenue l'audience globale des organisations salariales ? À peine 10 % des salariés public-privé confondus. La participation aux élections organisées nationalement pour les entreprises de moins de 11 salariés est dérisoire ! Certes, au niveau de l'entreprise, les obligations de négocier successivement mises en place par le législateur depuis 1982 ont permis une augmentation du nombre d'accords d'entreprise. Néanmoins, leur analyse montre une évolution des accords d'addition vers des accords de substitution (à la suite de la dénonciation d'un accord qui a pu être plus avantageux) ou d'accords de dérogation à la loi ou à la convention collective (la notion de dérogation lancée en 1982 s'étant développée pour trouver son apogée en septembre 2017). Heureusement pour eux, il y a plus de cinquante ans, mai 1968 leur avait permis d'être reconnus en entreprise en octobre de la même année, les dispositions introduites alors n'ayant pas été modifiées depuis ! (Notamment : diffusion et communication des affichages, réunion des adhérents, collecte des cotisations et mise à disposition d'un local.) Une loi en 2008 fut nécessaire pour tirer les conséquences du défaut de représentativité du syndicat et pour créer le représentant de section syndicale.

Quant à la représentativité patronale, elle n'a guère évolué davantage : le CNPF est devenu le MEDEF, la CGPME la CPME. Le rapprochement des artisans de l'UPA et des professions libérales de l'UNAPL fut nécessaire pour voir émerger une nouvelle Confédération au niveau interprofessionnel.

Au niveau des branches, la loi sur le financement du paritarisme, la multiplication des sujets de négociation et l'implication paritaire dans le fonctionnement des organismes collecteurs des contributions formation ont pu permettre un regain de vigueur ; toutefois, avec l'élargissement des possibilités de dérogation par accord d'entreprise, la volonté ministérielle de réduire le nombre de conventions collectives et la tutelle exercée par le ministère du Travail sur le contenu des accords de branche, le paritarisme a quelques questions de positionnement à traiter.

On peut ajouter qu'il peine à se décentraliser : les structures syndicales régionales et départementales ont du mal à exister et à fonctionner.

La représentation élue

Pour la représentation élue, le bilan peut être rapide : les comités d'entreprise, les délégués du personnel et les comités d'hygiène, de sécurité et des conditions de travail ont disparu en 2018 et 2019 au profit du seul comité social et économique (CSE) qui a hérité des missions de réclamation, d'information, de consultation et de négociation ! Au passage, de manière générale, le nombre de représentants du personnel et les crédits d'heures ont diminué. Certes la loi a créé les représentants de proximité mais leur mise en place est facultative. Les principes connus depuis 1945 n'ont guère évolué : le CSE a toujours des attributions économiques, professionnelles et sociales. En revanche, les moyens se sont développés : création de la subvention de fonctionnement, recours à des experts, organisation des procédures d'information, de consultation, formalisation des informations avec la base de données économiques, sociales et environnementales, etc. Le CSE a, en outre, acquis quelques thèmes supplémentaires à traiter comme les orientations stratégiques, les préoccupations écologiques et la gestion prévisionnelle des emplois.

Les salariés

Quelle perception en ont les salariés ? On connaît le très faible taux de syndicalisation. Les CSE ont des attributions qui peuvent être perçues plus concrètement par le personnel (organisation de loisirs, participation au financement d'une couverture sociale des frais de santé ou de risques lourds, organisation d'alertes en matière de santé au travail, etc.) Pour autant leur devenir est lié à un investissement au profit de la collectivité : qui est prêt à œuvrer pour l'intérêt général si des réponses ne peuvent être apportées à des préoccupations liées au travail lui-même ?

La question est posée : quel devenir pour le code du travail ? Est-ce à la loi de régler tout un ensemble de détails en assortissant leur non-respect de sanctions pénales ? Qu'apporte la négociation interprofessionnelle en dehors du paritarisme de gestion qui s'exerce sur les régimes sociaux ? Les négociateurs de branches ont-ils les moyens d'apporter des réponses concrètes aux attentes des employeurs et des salariés ? Doivent-ils continuer de passer par la validation ministérielle de l'extension par arrêté pour s'imposer au niveau de l'ensemble des entreprises de la branche ?

Et le salarié pris individuellement ? Quelle est sa participation dans l'application de règles qu'il ne perçoit pas nécessairement ? L'employeur peut continuer de décider et d'agir même s'il perçoit le droit du travail comme une somme de contraintes. La représentation élue et syndicale a été dotée de moyens. De quels moyens dispose le salarié s'il veut apporter une contribution à la collectivité au-delà de l'emploi pour lequel il est payé ?

On évoque la quête de sens au travail : quelle est la réponse ?

Introduction

Jetant un regard en arrière, sur ma carrière passée comme sur l'évolution du droit du travail depuis Giscard et Mitterrand qui coïncident presque, et balayant ces cinquante ans de changement de droit du travail, je ne peux m'empêcher de poser la question : quel objectif a été poursuivi ? Le salarié comme le chef d'entreprise s'y retrouvent-ils ?

C'est pour essayer de démêler toutes ces questions et en suivant l'évolution historique de ce droit, grâce à mon œil de spécialiste, que j'ai conçu cet ouvrage afin de mettre le droit social à la portée du grand public qui est, en tant que salarié ou utilisateur, le plus souvent concerné par ces problèmes.

Mais revenons au début. Après quatre ans d'études supérieures à Lyon, de 1972 à 1976 sous la houlette de Jean Pelissier, grand universitaire spécialisé en droit social, assisté par Gérard Vachet et Jean-Marc Beraud – deux autorités du droit social – j'ai commencé ma carrière comme conseil juridique stagiaire. Rapidement recommandé par Jean Pelissier, ayant fini major de la première promotion de la maîtrise de Sciences sociales du travail qu'il venait de créer à l'Institut d'études du travail, j'ai intégré le cabinet de Jacques Barthélémy, à Clermont-Ferrand, où j'ai travaillé dix ans, avant de m'installer à Paris au sein de ce même cabinet.

Je suis devenu avocat le 1er janvier 1992 puisqu'à cette date les conseils juridiques ont disparu et tous ceux qui l'étaient sont devenus avocats. Ce qui signifie qu'outre la mission de conseil juridique, nous avons reçu la mission de plaidoirie.

Cela fut une réforme nécessaire et utile car cette fonction de plaidoirie nous manquait. En tant que conseils juridiques nous faisions déjà du conseil, de la formation, de l'enseignement et de l'écriture, mais nous ne plaidions pas. Désormais, depuis 1992, je fais ces activités, mais uniquement en droit social.

Quel est-il ? Il concerne le code du travail et les conventions collectives, l'application du code de la sécurité sociale au niveau des entreprises, c'est-à-dire les problèmes de risques professionnels, de tarification des accidents du travail, ou encore les questions du contrôle par l'Urssaf de l'assiette des cotisations sociales. C'est aussi ce qu'on appelle la protection sociale complémentaire au régime général de la sécurité sociale : la définition et le financement par accord collectif ou décision unilatérale de l'employeur des remboursements de soins et de la couverture des risques lourds (comme l'invalidité et le décès).

Telles étaient nos activités. Donc, nous traitons ce qui intéresse le salarié dans l'entreprise et en dehors.

Le cabinet Barthélémy, très réputé, au sein duquel j'ai exercé durant ce temps, est jugé proche du patronat. Cependant, il faut nuancer : nous sommes d'abord au service de l'homme, en tant que travailleur. En effet, notre positionnement qualifié de patronal n'exclut pas l'humanisme dans le traitement des dossiers : on fait en sorte de dépasser la personne représentant le client que constitue l'entreprise. Dans cette optique, nous devons faire en sorte d'être reconnus par les partenaires et les relations : les salariés, leurs représentants, l'Administration du travail, etc. La pratique du cabinet est de concilier les impératifs économiques et les aspirations sociales, de proposer aux actionnaires des solutions pour lesquelles nous les accompagnons dans la mise en œuvre y compris par des contacts avec les représentants du personnel. C'est la recherche du compromis qui permet de promouvoir l'intérêt général. Pour ce faire, la négociation doit être préférée au pouvoir unilatéral, l'accord collectif doit pouvoir l'emporter sur la loi.

Pour œuvrer dans ce sens, qu'apporte le code du travail ? Au salarié ? À l'employeur ? Est-il adapté aux attentes des uns et des autres ?

1.

UN DROIT PROTECTEUR DU SALARIÉ ET ACCESSIBLE ?

Ces cinquante dernières années furent marquées par une forte et notable avancée des droits ; mais parmi eux, quelles furent les dispositions bénéfiques pour l'emploi et au profit des travailleurs ?

Depuis l'accord national interprofessionnel (ANI) de 1969 sur l'emploi dicté par les événements économiques et politiques de l'année précédente, la situation du salarié a été nettement améliorée, nul ne peut dire le contraire. Lui ont succédé d'autres ANI sur l'emploi et la formation ; se sont empilées des propositions sous forme de rapports aux ministres du Travail et des contributions doctrinales ; ont été votées des lois « catégorielles », un jour en faveur des jeunes, un autre en faveur des séniors. Tout ceci a constitué un code du travail gigantesque devenu sinon impuissant, au moins difficilement praticable par sa lourdeur, et surtout inaccessible au simple travailleur.

Pour les dispositions conventionnelles du droit du travail, on est passé d'une logique d'addition d'avantages à des négociations de dérogation. Puis à la primauté de la négociation d'entreprise, la convention de branche étant devenue supplétive selon les sujets. La négociation collective a ainsi été mise en avant dans le prolongement du code du travail. Mais quelle perception le salarié en a-t-il ? En a-t-il même connaissance ?

Que connaît-il ?

Pour le salarié, on peut faire quelques constats sur les cinquante dernières années. Quand il est recruté, il bénéficie – ou se soumet – à un ensemble composé d'un code du travail fait de textes législatifs et réglementaires, de dispositions négociées par des syndicats, de décisions prises par son employeur, de l'application qui en est faite par sa hiérarchie. Au moment de l'embauche, l'employeur doit donner au salarié une notice l'informant des textes conventionnels applicables : cela se limite à l'indication du titre de la convention collective. Rien sur le contenu : d'ailleurs de quelles dispositions faudrait-il parler ? La loi ne le précise pas ! Une convention collective contient plusieurs dizaines de pages aussi concernant aussi bien les relations collectives que les relations individuelles de travail, la formation professionnelle, l'emploi, les frais de santé ou encore la prévoyance. Quand l'entreprise est dotée d'un intranet, un exemplaire complet peut être disponible. Mais que le salarié connaît-il réellement ? Il n'y a pas un exemplaire du code du travail dans l'entreprise en général, sauf peut-être à la Direction des ressources humaines, quand elle existe. Une édition actualisée est publiée chaque année, dans l'indifférence générale. Il faut reconnaître que 4 000 pages écrites en tout petit format : c'est peu attractif.

Prenons l'exemple de la convention collective nationale de branche, un affichage informe le personnel des modalités de sa consultation : existe-t-il un exemplaire disponible pour tous ? Il peut exister dans le meilleur des cas, mais est-il actualisé ? Si l'employeur est adhérent à un syndicat patronal signataire de cette convention collective, il a pu être informé des évolutions du texte conventionnel, des nouveaux accords, des avenants de salaires minima conclus en principe tous les ans. Mais quelle restitution en est faite au personnel ?

Si l'employeur n'est pas adhérent à un syndicat patronal, commande-t-il au Journal officiel les avenants à la convention collective ? Non, certainement.

Alors, qui peut l'informer ? Son conseil (avocat, expert-comptable), si et seulement si une relation permanente existe. Quant à l'Inspection du travail, l'employeur la subit : il ne prend pas l'initiative de la contacter, à supposer que ce service public soit en mesure de répondre efficacement.

La presse ? Au mieux on y parle de certains textes adoptés, ceux promus par le politique ! Mais quelle traduction dans l'entreprise ? On n'en parle pas ou guère : peut-être un jour en perçoit-on l'application, mais c'est souvent à son propre détriment.

Vers qui le salarié peut-il alors se tourner ? À l'extérieur, il peut solliciter l'Inspection du travail : mais, encore faut-il demander une information propre au secteur d'activité. Le service existe au niveau du département, mais il peut être très éloigné du salarié. Existe-t-il, dans l'entreprise, un CSE (Comité social et économique) ? En deçà de 11 salariés, il n'y en a pas. Alors, qui le salarié a-t-il comme interlocuteur sinon son patron ? Un collègue, une relation dans une autre entreprise, le conjoint ou un membre de la famille qui connaît la question ? L'insécurité liée aux différences dans les conventions collectives – il en existe plus de 200 début 2024 – va être doublée par le pouvoir patronal dans ces domaines : l'employeur peut légiférer. Ainsi, les solutions varient selon les entreprises et les secteurs d'activité.

Le CSE

Dans une entreprise qui comprend entre 11 et 49 salariés, il y a un CSE compétent pour veiller à l'application de la réglementation sociale en posant des questions, en formulant des réclamations, en saisissant l'Inspection du travail. Mais le CSE n'existe pas partout, tant s'en faut ! Et encore faut-il que les représentants du personnel élus dans ce CSE aient eux-mêmes l'information ! À défaut d'initiative de l'employeur ou de leur part, via une structure syndicale par exemple, ils n'ont pas plus accès à l'information que les salariés eux-mêmes. Et pourtant l'employeur doit fournir au CSE un exemplaire de la convention collective et aucun budget n'est prévu pour consulter un expert.

À partir de 50 salariés, on peut trouver davantage de CSE et ceux-ci disposent alors d'un budget sous la forme d'une subvention de fonctionnement pour acheter de la documentation ou rémunérer un expert. En pratique, le font-ils ? Rien n'est moins sûr. En tout cas, la possibilité existe et c'est déjà une source potentielle d'information.

Les syndicats

Les syndicats revendiquent un nombre d'adhérents représentant, en moyenne, moins de 10 % du total des salariés, tous secteurs d'activité confondus (avec des différences selon le secteur public ou privé). Dans les entreprises de moins de 11 salariés, le syndicalisme n'est pas organisé et dès lors non représenté. En dehors de l'entreprise, il existe en principe une Commission régionale paritaire interprofessionnelle chargée de renseigner aussi bien les employeurs que les salariés : existe-t-elle dans toutes les régions ? Ce n'est pas certain ! Qui la connaît ? Qui sait comment elle peut fonctionner ?

Il faut atteindre un effectif d'au moins 50 salariés pour trouver des délégués syndicaux et à condition que les candidatures au premier tour des élections aient été présentées par une ou plusieurs organisations syndicales. Le délégué représente le syndicat auprès du chef d'entreprise et auprès du personnel, il dispose d'un crédit d'heures de délégation pour pouvoir s'extraire de son activité professionnelle et se consacrer à des tâches d'intérêt général. Parmi ses attributions, il a un rôle d'information, ce qui suppose un investissement en temps pour acquérir la culture nécessaire. Le délégué dispose certes d'heures de délégation (12 heures par mois entre 50 et 150 salariés, 18 par mois jusqu'à 499 salariés, 24 heures par mois à partir de 500 salariés), mais il use en général de ces heures au contact des salariés. Il existe également les stages de formation syndicale, plafonnés en nombre de jours selon l'effectif (12 jours pour l'ensemble du personnel en dessous de 25 salariés). Il y a enfin la participation aux réunions statutaires des organisations ainsi qu'aux réunions paritaires de la négociation collective de branche, mais cela reste limité à un nombre très restreint de participants.

En conclusion, le salarié doit s'en remettre à lui-même : il a dû être informé de l'existence des textes l'intéressant lors de son embauche (via le contrat de travail ou une notice d'information) ; la convention collective applicable est mentionnée sur le bulletin de paye. Il sait ainsi où trouver l'information théoriquement. Mais ce n'est pas suffisant : la convention collective nationale ne traite pas l'ensemble des garanties sociales et pour les dispositions existantes, il faudra les rapprocher des règles propres à l'employeur. En effet, le pouvoir patronal consiste notamment à édicter des normes.

Misère de la convention collective nationale

La convention collective nationale est notoirement insuffisante, pour plusieurs raisons qui tiennent à son champ d'application, lequel comprend de nombreuses activités voire plusieurs secteurs d'activité. Les caractéristiques de ces différents secteurs sont-elles équivalentes ? Sûrement pas.

Selon l'étendue du champ d'application défini par les signataires de la convention collective, les secteurs d'activité n'ont pas les mêmes contraintes : autrement dit, le champ d'application ne correspond pas nécessairement à une même unité économique. Par ailleurs, plus les secteurs d'activité couverts par le texte national seront variés, plus les conditions de travail seront différentes : il n'y a pas toujours d'unité sociale. Comme pour la réglementation européenne qui doit prendre en compte la diversité des pays concernés, la négociation collective de branche repose sur un « consensus mou », c'est-à-dire celui du plus petit dénominateur commun. La branche doit aussi organiser le respect de la concurrence : c'est le compromis à trouver entre des situations diversifiées qu'il faut considérer. Il s'agit de l'intérêt général : les négociateurs doivent se situer au-dessus des entreprises.

La conséquence en est que le salarié pourra y trouver des avantages ou au contraire ne rien en attendre. Le salarié d'une petite entreprise ne bénéficie généralement pas d'avantages internes : pas d'accord collectif propre, application de la convention collective nationale, peut-être quelques usages favorables qui ne sont pas nécessairement valorisés, faute pour les parties de maîtriser le socle minimum résultant du code du travail et de la convention collective. Au contraire, la grande entreprise accordera des avantages et ne sera pas préoccupée par les évolutions conventionnelles de branche.

Ainsi, selon le secteur d'activité, la taille de l'entreprise, sa localisation, les garanties sociales peuvent être plus ou moins généreuses. Le code du travail apporte une couverture générale commune, sous réserve des seuils d'effectif requis pour certaines dispositions. Les conventions collectives, en dehors de quelques exceptions, définissent des minima qui ne correspondent pas aux niveaux de salaires pratiqués par les entreprises du secteur d'activité. C'est au niveau de l'employeur que se situe la différence et, à ce stade, ce dernier définit des normes, soit par accord d'entreprise soit unilatéralement.

Quelle sécurité juridique ?

Toute sécurité juridique, dans un tel système, résultera de la négociation collective : l'accord collectif a pu être conclu pour une durée déterminée, ce qui exclura sa dénonciation unilatérale avant l'échéance. Il a pu être conclu pour une durée indéterminée : sa dénonciation sans accord, dit « de substitution », lui succédant permettra de garantir le niveau de salaire des douze derniers mois. Mais, encore une fois, ce n'est qu'à partir d'un certain effectif qu'existe la culture de la négociation collective.

En deçà de 11 salariés, le référendum est possible pour conclure un accord collectif ; en pratique, il en existe très peu d'utilisations ! C'est alors la décision unilatérale qui prévaut. La propriété de l'entreprise ou sa direction permet de définir des normes en termes d'organisation du temps de travail (durée et aménagement par exemple), mais aussi des avantages sociaux, lesquels ne sont jamais garantis : la norme unilatérale peut ainsi être modifiée ou supprimée sur décision du chef d'entreprise. Il suffit d'en informer chaque salarié par écrit avec un délai de prévenance de quelques mois.

L'avantage remis en question sera aussi bien une prime soumise à cotisations sociales qu'un dispositif d'épargne salariale (intéressement et plan d'épargne) ou encore un titre-restaurant et le financement d'un régime de remboursements de soins. Les mêmes possibilités unilatérales existent au-delà de 11 salariés jusqu'à 50 quand bien même il y a un CSE. C'est seulement à partir de 50 salariés, quand existe un délégué syndical, qu'un droit ou une obligation à la négociation collective est organisé, par exemple sur les salaires et le temps de travail, sur l'épargne salariale ou la prévoyance.

Le salaire mensuel ou annuel est contractuel : les primes mises en place par l'employeur en dehors de toute obligation législative ou conventionnelle ont une origine collective qui permet de les faire échapper à la contractualisation. La durée du travail qui détermine la rémunération ainsi que la qualification qui détermine le salaire minimum sont elles aussi contractuelles. Le reste ne l'est pas : les avantages sont précaires et la notion d'avantage acquis n'existe pas pour des avantages accordés de façon unilatérale.

Et le code du travail n'a pas réglementé ce pouvoir unilatéral ! C'est pourtant là qu'existe le pouvoir patronal via notamment des notes de service, des réponses apportées aux représentants du personnel sans signature d'un accord et des pratiques habituelles.

Quand la gauche remporta l'élection présidentielle en 1981 et que la menace d'une cogestion avait été mise en avant, un colloque avait été organisé sur le thème des notes de service et il avait montré l'étendue des champs possibles : un avantage accordé par note de service n'acquiert pas une valeur contractuelle.

En dehors de quelques dérogations sur le temps de travail qui nécessitent un accord collectif, l'employeur n'a jamais l'obligation de négocier un accord collectif. Si la convention collective de branche lui apporte un accord d'application directe offrant des aménagements du temps (calcul en jours ou sur l'année par exemple), il n'a même plus besoin de négocier sur quoi que ce soit.

Le droit du travail est un droit de procédures

In fine, la relation qu'on qualifie de contrat de travail relève plus de l'adhésion que du contractuel : qui dit contrat dit théoriquement négociation. Or, qu'y a-t-il de réellement individuel dans le contrat de travail français, en dehors de l'adresse du salarié ?

Le coefficient de l'emploi est fixé par la convention collective qui indique aussi le salaire minimum et les primes applicables. D'ailleurs, certaines conventions collectives imposent de faire figurer le salaire minimum qu'elles déterminent, même si le salaire réel est supérieur. S'agissant des primes intégrées dans la convention collective, qu'elles soient mentionnées ou non par la lettre d'embauche, elles s'appliqueront ! Pour la durée du travail, on est, par principe, dans du collectif (sauf pour les temps partiels, bien entendu) : le salaire de base correspond à la durée du travail appliquée dans l'entreprise. Pourquoi alors le préciser ? Pour le reste, la période d'essai, la couverture frais de santé et prévoyance, le préavis, les congés payés : tout est réglé à un niveau qui n'est pas celui du contrat de travail. Alors, faut-il même demander au salarié d'accepter ce qui s'appliquera même sans acceptation ? (En dehors de la période d'essai toutefois et le cas échéant d'une clause de non-concurrence ou de délégation de pouvoir.) Est-ce que le code du travail prévoit de formaliser l'accord des parties par une mention manuscrite du genre « lu et approuvé » ou « bon pour accord » avec la signature du salarié ? Non.

Il faut croire que le simple fait de faire référence aux règles de droit commun suffit ou que la notion de contrat sous-entend automatiquement une signature. En voici une illustration avec la période d'essai : elle ne se présume pas – tout comme la possibilité de la renouveler – et doit être expressément stipulée dans la lettre d'engagement ou le contrat de travail. Autre illustration : depuis août 2022, le droit français a intégré la Directive de l'Union européenne 2019/1152 du 20 juin 2019 relative à des « conditions de travail transparentes et prévisibles dans l'Union européenne ». Qu'en dit-il ? « Le principe n° 7 du socle européen des droits sociaux prévoit que les travailleurs ont le droit d'être informés par écrit, au début de leur période d'emploi, de leurs droits et obligations découlant de la relation de travail, y compris pour ce qui est de la période d'essai ». Cette référence à une information écrite n'est pas nouvelle : déjà une Directive de 1991 (Directive 91/533/CEE) avait introduit « une liste d'éléments essentiels du contrat ou de la relation de travail sur lesquels les travailleurs doivent être informés par écrit ». Et pour bien illustrer la procédure, « les informations de base devraient donc leur parvenir dans les plus brefs délais et, au plus tard, dans un délai d'une semaine calendaire à compter de leur premier jour de travail ».

Les employeurs sont donc tenus d'informer les travailleurs des éléments essentiels de la relation de travail « sous la forme d'un ou plusieurs documents », et il en est de même en cas de modification apportée à ces éléments, « au plus tard à la date à laquelle elle prend effet », sauf si ces modifications traduisent « simplement une modification des dispositions législatives, réglementaires, administratives ou statutaires ou des conventions collectives auxquelles font référence les documents ».

C'est donc clair : les éléments essentiels peuvent évoluer même sans modification de l'information préalablement fournie. On est loin de l'acceptation expresse donc écrite d'une modification contractuelle. Le salarié peut donc commencer à travailler sans avoir reçu par écrit les informations prévues et il peut ainsi poursuivre la relation de travail sans avoir accepté ces fameux éléments essentiels. Le code du travail était muet pour le contrat à durée indéterminée s'agissant de la transmission de ces éléments et c'est la loi n° 2023-171 du 9 mars 2023 qui a introduit l'obligation de remise de ces informations par « un ou plusieurs documents écrits », et si le salarié ne les a pas reçus, il lui appartient d'exiger à son employeur de les lui communiquer. Le décret n° 2023-1004 du 30 octobre 2023, pris en application de cette loi et entré en vigueur le 1er novembre 2023, fixe la liste des informations obligatoires à transmettre dans les 7 jours. Pour les contrats à durée déterminée et ceux conclus dans le cadre du travail intérimaire, la loi avait prévu depuis longtemps leur transmission dans les deux jours suivant l'embauche ou suivant le début de la mise à disposition.

Alors le contrat de travail ? Une fiction ? Comme pour assurer une habitation ou un véhicule où l'on adhère à une police d'assurance non négociable, la notion de contrat pour la relation de travail est, pour le moins, ambiguë, avouons-le.

Les conditions de travail

Ce thème est traité de façon éparse dans le code du travail alors qu'historiquement, c'est d'abord sur ce thème des conditions de travail que s'est constituée la protection des salariés, qu'ils soient hommes, femmes ou enfants. Il a très tôt intéressé les autorités politiques et syndicales sous plusieurs aspects :

– Sur le plan de la limitation des durées hebdomadaires de travail, avec la création de contraventions réprimant les infractions autant de fois qu'un texte était violé et ceci pour chaque salarié concerné. Par exemple, un dépassement de la durée hebdomadaire maximale du travail par 10 salariés, c'est dix infractions et potentiellement autant d'amendes par semaine concernée.

– Plus tard, la réduction de la durée du travail a pris une tournure politique avec le souci du partage de l'emploi : selon les chiffres diffusés par le ministère du Travail, cet objectif n'a pas été atteint et les communications syndicales sur le sujet sont devenues épisodiques.

– La gravité et la fréquence des accidents du travail ont depuis longtemps amené des interventions du législateur, et les magistrats ont été saisis : un accident du travail a des causes, qu'il s'agit de sanctionner pour éviter le renouvellement des infractions à l'origine des accidents.

Le principe de la responsabilité civile de l'entreprise en est une illustration, comme celle de la responsabilité pénale du chef d'entreprise ou son délégataire. Avec le temps, le contentieux de la faute inexcusable s'est développé et la possibilité pour l'entreprise de s'assurer sur les conséquences pécuniaires de celle-ci a été admise.

– Parallèlement, la prévention a fait l'objet de nombreuses recommandations et une obligation de formation à la sécurité a vu le jour. Quant au chef d'entreprise, il doit avoir conscience du danger ou il aurait dû avoir conscience du danger. On en est arrivé à une obligation renforcée de moyens : quelles initiatives prises par l'employeur pour faire respecter en tout lieu et en tout temps toutes les réglementations ? Sans délégation de pouvoirs, le chef d'entreprise est potentiellement répréhensible en permanence.

– La pénibilité de certains travaux demeure un sujet de préoccupation, ainsi que le prouve le compte personnel de prévention, ou le récent débat national sur l'âge de la retraite. Cela fait longtemps que le thème des conditions de travail a été porté au niveau de la nation : en 1976, un secrétariat d'État à la revalorisation du travail manuel avait été confié à M. Stoleru, sous la présidence de Giscard d'Estaing. Parmi les nombreuses mesures mises en place sous François Mitterrand, on peut relever à partir de 1982 le droit d'expression directe et collective des salariés « sur le contenu, les conditions d'exercice et l'organisation de leur travail ». Ce droit existe encore dans les textes (articles L 2281-1 et suivants du code du travail) : quelle application en fait-on quarante ans plus tard ? Qui en parle encore ? On ne peut pas dire que cette nouveauté ait soulevé l'enthousiasme : les employeurs comme les syndicats y ont vu un contournement de leurs prérogatives respectives. Pourtant, la qualité de vie au travail fait partie des sujets à aborder tous les quatre ans, voire chaque année quand aucun accord n'a été conclu avec la représentation syndicale. En l'absence de délégués syndicaux et d'accord collectif, l'employeur doit consulter tous les ans le CSE sur les modalités d'exercice du droit d'expression. Qui s'y intéresse ?

L'accord national interprofessionnel sur le paritarisme

Les acteurs syndicaux (patronaux et salariés) ont engagé une négociation qui s'est concrétisée par la signature le 14 avril 2022 d'un ANI « pour un paritarisme ambitieux et adapté aux enjeux d'un monde du travail en profonde mutation ». Cet accord se donne plusieurs objectifs, comme de définir la place du dialogue social et de la négociation collective dans le monde du travail. Que peut ou doit apporter cette dernière ? Parmi ce que peut produire la négociation collective interprofessionnelle, il y a les expérimentations ou innovations sociales. Mais quelles en sont les conséquences dans les conventions collectives ? L'ANI n'aura pas d'effet normatif sur ce type de dispositions : quel prolongement pour les salariés, peut-on se demander, si la convention collective ne s'approprie pas ce thème ?

Si l'employeur veut prendre des initiatives dans ces domaines attribués par certains aux ressources humaines, il n'a pas pour autant l'obligation de les négocier avec la représentation syndicale ou élue ou encore d'en faire la matière d'un référendum. Il n'a pas davantage l'obligation d'inscrire dans le contrat de travail l'existence de tel ou tel avantage. Son initiative reste unilatérale et son maintien aussi.

Un avantage non prévu par la loi ou la convention collective ne passe pas toujours par une négociation : il y a un employeur face à une collectivité de bénéficiaires. Qu'est-ce qui peut amener un employeur à négocier un accord alors qu'il peut, seul, mettre en place des dispositions après, le cas échéant, une consultation de la représentation du personnel qui ne le lie pas ? Certaines contributions juridiques ou politiques entendent promouvoir une double majorité : celle des actionnaires d'une part et celle des salariés de l'autre. Dans cette conception, l'investissement en capital et l'investissement en travail seraient à parité. Ce n'est pas le droit applicable, certes, mais il faudra y revenir.

Le référendum en entreprise

Il a fallu attendre septembre 2017 pour que le référendum soit prévu par la loi en l'absence de représentant du personnel dans une entreprise de moins de 20 salariés. Ce référendum permet l'expression directe, certes, mais cela reste à l'initiative du chef d'entreprise : il permet seulement une prise de position sur une proposition patronale. Ne faudrait-il pas élargir le référendum au-delà de 11 ou de 20 salariés ? En présence d'une représentation syndicale ou élue, il peut déjà y avoir référendum en matière d'intéressement ou de participation aux résultats dans le cadre d'une demande conjointe de l'employeur et de l'une de ces représentations.

La collectivité des salariés pourrait être organisée en personne morale pour négocier et conclure un accord et le cas échéant saisir le juge en cas de conflit sur la conclusion, l'application ou le maintien de l'accord. Si l'on veut faire du salarié un acteur, il doit pouvoir participer à une délibération. C'est déjà le cas quand un projet d'accord a été négocié avec un salarié mandaté par une organisation syndicale : l'approbation par la majorité des salariés est alors requise pour que le projet devienne accord.

La santé au travail

Il faut noter que ces derniers temps, on parle davantage de la santé au travail et ceci sous plusieurs angles. D'abord l'espacement des visites médicales d'un à cinq ans, sauf exceptions. Ensuite, les difficultés du suivi médical : dans certains départements, il est impossible d'obtenir des rendez-vous rapidement et certaines tâches sont désormais confiées au personnel non-médecin. Le sujet de l'inaptitude est toujours autant source de contentieux malgré les réglementations successives, que le risque soit professionnel ou non. Le reclassement continue de soulever des questions et d'être un droit formel : quelle efficacité dans la prise en compte des demandes du médecin ? Si l'emploi de reclassement demeure le même, pourquoi le salarié deviendrait-il apte dans un autre établissement ou une filiale du groupe ? Si le salarié doit changer d'emploi, que peut faire l'employeur dans le délai d'un mois prévu pour le licencier ou le reclasser ? Le médecin du travail peut formuler des indications sur la capacité du salarié à bénéficier d'une formation à un poste adapté, mais est-ce au sein de l'établissement ?

Au sein d'un autre établissement ? Au sein du groupe ? En dehors du groupe ?

Le contrat de travail du salarié déclaré inapte peut être suspendu pour lui permettre de suivre un stage de reclassement professionnel : pendant quelle durée et avec quel salaire ? Le thème de la santé a connu avec le temps d'autres évolutions : le harcèlement, les risques psychosociaux, le burn-out ou encore la stratégie d'évincement utilisée par l'employeur pour faire démissionner un employé (« la mise au placard »). La santé passe aussi par le traitement de la durée du travail : quel rythme ou quelle charge de travail ? Quel lien avec la vie privée ?

Actuellement, on prend en compte la durée du travail mais aussi l'alternance entre le temps de repos et le temps de travail, et plus généralement la déconnexion. Cette dernière n'est pas limitée aux salariés en forfait jours, elle intéresse aussi les salariés dont le temps de travail est calculé en heures. Il faut, dit la Cour de cassation, une charge de travail raisonnable afin de permettre le respect des règles sur le repos.

La formation professionnelle

Y a-t-il vraiment une procédure pour la formation professionnelle ? Il existe un entretien professionnel tous les deux ans, sauf dérogation mise en place par voie d'accord collectif. Cet entretien est aussi prévu lors d'une reprise d'activité après une absence du type congé maternité, congé parental, congé sabbatique, etc. En dehors de ces hypothèses, il faut attendre six ans pour un entretien récapitulatif du parcours professionnel du salarié et s'assurer qu'il a suivi une action de formation non rendue obligatoire par un texte.

L'employeur est censé assurer de bonne foi l'exécution du contrat de travail : cela suppose l'entretien de l'employabilité du salarié et concrètement le suivi d'actions de formation permettant d'assurer l'exécution des fonctions relevant de sa qualification.

En dehors de celles-ci qui relèvent du plan de compétences défini par l'employeur, sans qu'un contact préalable soit requis entre les parties au contrat de travail pour l'inscription à l'action de formation, qu'est-ce qui permet au salarié d'appréhender son droit à la formation ?

Rappelons ce qui existe déjà : après le congé individuel, on a créé le DIF (Droit individuel à la formation) puis désormais le CPF (Compte personnel de formation). Il existe aussi le bilan de compétences, la validation des acquis de l'expérience (la VAE), l'obtention d'un CQP (certificat de qualification professionnelle), la possibilité de la PRO-A (Promotion par l'alternance).

Le salarié peut aussi bénéficier de l'aide de l'OPCO (Opérateur de compétences) auquel l'employeur verse la contribution annuelle à la formation, de France Travail[1] ou encore de l'APEC. Les outils ne manquent pas ! Mais malgré tout cela, la perception dominante est celle d'un résultat qui n'est pas à la hauteur des milliards collectés tous les ans. Et pourtant, la formation est un thème de négociation tous les cinq ans au niveau interprofessionnel. Serait-ce justement à cause de tous ces changements ?

Que constate le salarié ? L'action de formation lui permet-elle une progression financière ? Une progression professionnelle ? Malgré son volume, le code du travail reste muet sur cette question et n'est guère plus disert s'agissant des conventions collectives. Celles qui ont mis en place des CQP (Certificats de qualification professionnelle) ont attribué une élévation du coefficient voire une prime. Dans de nombreux

1. Anciennement Pôle Emploi, devenu France Travail au 1er janvier 2024.

cas, le suivi d'une action de formation permet de conforter l'aptitude du salarié, mais sa rémunération n'évolue pas pour autant automatiquement. Comme pour l'individualisation de la rémunération, la gestion des ressources humaines n'a pas encore été intégrée dans le code du travail.

Statut du salarié des TPE

Il y a matière à engager une réflexion sur l'accès du salarié de la TPE à des dispositifs dont il entend plus ou moins vaguement parler et dont il se dit qu'ils ne sont pas pour lui. Par exemple, le référent chargé d'accompagner les salariés en matière de lutte contre le harcèlement sexuel et les agissements sexistes n'existe de droit qu'à partir de 250 salariés. Quand existe un CSE, à partir de 50 salariés, il peut désigner son propre référent.

Sur le terrain de la santé, de la sécurité et des conditions de travail, si le droit d'expression directe et collective ne fonctionne pas, quelle prévention par rapport aux risques psychosociaux ou au burn-out ? Compte tenu de l'espacement des rencontres avec la médecine du travail, de la faible périodicité des visites de l'Inspection du travail à son initiative, quelle alerte est en mesure de fonctionner ? Y a-t-il une procédure permettant d'apprécier si la charge de travail est raisonnable ? Y a-t-il un suivi effectif et régulier de la charge de travail permettant à l'employeur d'intervenir au bon moment, c'est-à-dire en amont ? On peut multiplier les exemples : la réglementation sociale est-elle adaptée aux préoccupations quotidiennes des salariés ? Selon l'effectif employé, selon qu'on se trouve à la campagne ou dans une grande ville, selon le secteur d'activité, qu'apporte effectivement le code du travail ? Des considérations générales issues de discours syndicaux et de débats politiques ?

Pour le recrutement, l'encadrement des CDD est-il profitable au personnel ? L'allongement de la période d'essai du CDI intervenue en juin 2008 n'a-t-elle pas créé la précarité qu'on reproche au CDD ? L'encadrement du temps partiel a-t-il incité l'employeur à recruter deux temps partiels plutôt qu'un seul temps plein ? N'est-il pas préférable de sous-traiter ce qui peut l'être ? Face au risque des difficultés de santé, il existe une obligation minimale de prise en charge de frais médicaux depuis 2016 : a-t-on amélioré le niveau de cette couverture par accord de branche ou décision interne ? Cette couverture ne concerne que les frais de santé. Le risque lourd (décès, invalidité) n'a pas fait l'objet de la conclusion d'un accord national interprofessionnel attendu depuis 2014, sauf pour les cadres et assimilés.

Quant à l'incapacité temporaire de travail, l'indemnisation ne prend effet qu'à partir d'un an d'ancienneté, aussi bien en maladie qu'en accident du travail si la convention collective ne prévoit rien de mieux. Le même écart entre deux mondes du travail – à savoir la petite et la grande entreprise – se retrouve dans de nombreux autres cas. Ainsi, en matière de licenciement pour motif économique, entre celui ou celle qui perçoit l'indemnité minimale de licenciement et le plan de sauvegarde de l'emploi qui permet un versement exonéré fiscalement d'un à deux ans de salaire en plus de l'indemnité de licenciement, l'angoisse budgétaire n'est pas identique ! Par ailleurs, en termes de calendrier, il suffit que l'employeur justifie d'un effectif supérieur à mille salariés appréciés au niveau de la société ou du groupe pour que le congé de reclassement qui doit être proposé reporte de plusieurs mois la sortie de l'effectif.

C'est le débat de ces dernières années : quel relais est assuré par les institutions pour traiter les besoins quotidiens ? Alors que de nombreuses contributions ont été développées ici et là (sur « l'archipel » français, sur la crise des territoires, sur les dépossédés) qui ont eu un succès certain, en a-t-on tiré des réponses sur les relations du travail ? Tout porte malheureusement à croire que non.

Le temps de travail

C'est peut-être l'un des plus vastes sujets de notre époque. L'évolution a commencé réellement il y a quarante ans, précisément en 1982 sous le premier gouvernement Mauroy issu des élections législatives de juin 1981, François Mitterrand ayant été élu Président de la République un mois plus tôt. C'est à cette date que fut introduite pour la première fois la modulation du temps de travail. Il y a donc un avant et un après 1982. Il faut faire une brève histoire pour saisir le sens crucial de ces évolutions.

Avant 1982

Dans les grandes lignes, la situation se présentait ainsi :

– Une loi de 1936, du Front populaire, avait fixé le principe des 40 heures comme durée légale du travail, et une loi de 1946 avait régi les heures supplémentaires compte tenu des besoins liés à la reconstruction d'après-guerre.

– Il y avait majoration du salaire pour les semaines excédant 40 heures avec appréciation à la semaine du temps de travail sans compensation d'une semaine sur l'autre. La réalité était différente : de façon irrégulière, on compensait « en récupérant » les semaines suivantes l'excédent d'heures non rémunérées. Alors que le concept de récupération concerne au contraire des heures non effectuées par suite d'une interruption collective de travail due à des difficultés d'approvisionnement et dont l'exécution est ainsi reportée, la pratique était née de diminuer la durée du travail en fonction des heures faites au-delà de la durée rémunérée les semaines précédentes. C'était de la modulation, qui toutefois constituait une infraction pénale et privait le salarié du bénéfice des heures supplémentaires.

– La loi de 1936 avait généré des décrets d'application qui organisaient la répartition des 40 heures sur la semaine. Adoptés par secteur d'activité ou groupes de secteurs d'activité, ces décrets prévoyaient de répartir les 40 heures de la façon suivante : une répartition à raison de cinq jours de 8 heures ou de 6 heures 40 minutes sur six jours, ou enfin une répartition inégale sur 5,5 jours. Certains d'entre eux avaient introduit la possibilité de répartir le temps de travail sur plusieurs semaines (pour les activités fonctionnant en continu par exemple). En dehors de ces décrets dérogeant au module hebdomadaire, il fallait un accord de branche pour organiser différemment le temps de travail.

– Le chef d'entreprise ne pouvait organiser le temps de travail différemment de son propre chef : il fallut ainsi une poursuite pénale contre un employeur de l'Est de la France, qui avait osé répartir les 40 heures sur quatre jours, pour que la réglementation évolue. On avait considéré à l'époque que cette répartition qui engendrait plus de temps libre devait être permise.

L'employeur avait été condamné pour le principe (puisqu'il avait violé le décret d'application applicable à son secteur d'activité), mais l'incompréhension liée à sa condamnation permit finalement cette avancée sociale : pouvoir répartir les 40 heures sur quatre jours ou quatre jours et demi. Nous étions en 1979. En 2023, quarante-cinq ans plus tard, la même question est revenue mais cette fois pour des considérations d'économie d'énergie.

– En pratique et en moyenne, la durée du travail était largement supérieure à 40 heures. La négociation de branche s'était, bien entendu, emparée de la question du temps de travail et de sa réduction mais les résultats furent réduits : la durée hebdomadaire absolue demeura 48 heures, mais la durée hebdomadaire moyenne commençait à baisser. Il fallait la validation ministérielle de l'accord pour organiser les 40 heures en dehors de ce qu'avaient prévu les décrets de 1936 et 1937. La réduction du temps de travail était devenue un sujet politique : un repos compensateur égal à 20 % des heures accomplies au-delà de 44 puis de 43 et enfin de 42 heures fut mis en place. Il a disparu dans l'indifférence générale en 2008. Le temps libre eut même droit à un ministère confié à un écologiste sous Giscard dans les années 1975 à 1980.

1982

Un grand virage intervint avec l'élection d'un président issu des partis de gauche : Martine Aubry, alors directrice des Relations du Travail au ministère du travail rédigea un rapport connu sous le nom de *Rapport Auroux*, du nom du ministre du Travail, qui fut à l'origine de nombreuses lois qui marquent encore la vie sociale : les 39 heures, la cinquième semaine de congés payés, ou le temps partiel.

Voici les principales mesures :

– La durée légale est abaissée à 39 heures avec majoration pour heures supplémentaires au-delà (25 % jusqu'à 47 heures et 50 % pour la 48e heure).

– Les décrets d'application des 40 heures introduits en 1936-1937 sont provisoirement maintenus. Ils resteront en vigueur jusqu'à la loi des 35 heures en 2000. Toutefois, dès 1982, un accord d'entreprise ou de branche pouvait y déroger.

– La grande évolution fut la légalisation de la compensation d'une semaine sur l'autre du temps de travail. Il s'agit seulement que la moyenne soit conforme à la durée du travail pour laquelle la rémunération mensuelle a été définie (la mensualisation était intervenue quatre ans plus tôt). C'était la première brèche faite à la notion d'heures supplémentaires : le temps au-delà de 39 heures n'était plus payé dès lors que la durée du travail sur d'autres semaines était devenue inférieure à 39 heures. Seule subsista la majoration pour heure supplémentaire de 25 %.

C'est ce qu'on appela à l'époque la modulation de type 1 : la compensation heure pour heure est introduite, mais l'heure au-delà de la durée légale demeure majorée. C'est le gouvernement de Jacques Chirac, devenu Premier ministre en 1986, qui introduira la modulation de type 2 : la compensation intégrale des heures sans majoration au-delà et en deçà de 39 heures, seule la durée moyenne après cette compensation restant une heure supplémentaire avec la majoration si elle ressortait supérieure à 39.

– Les années qui suivirent donnèrent lieu à un débat sur l'opportunité de la réduction du temps de travail. Après l'incitation expérimentale de Gilles de Robien de 1995, on connut l'incitation financière Aubry de 1998 pour réduire la durée du travail à 35 heures : en contrepartie, l'entreprise appliquant un accord de branche ou un accord d'entreprise en ce sens bénéficiait d'une aide si elle augmentait son effectif d'au moins 10 %. C'était l'époque des « accords 35 heures offensifs » : on diminuait le temps de travail et on recrutait. Les aides duraient cinq ans si l'accord était respecté. Ces accords concernaient les entreprises de plus de 20 salariés qui mettaient en œuvre les 35 heures avant 2000. Celles de moins de 20 salariés avaient jusqu'à fin 2001 pour anticiper l'abaissement de la durée légale à 35 heures. Pour les entreprises qui ne pouvaient pas embaucher, il y eut « les accords défensifs » : montrer que la réduction à 35 heures, voire moins, permettait d'éviter des suppressions d'emplois qui seraient intervenues sans cette réduction du temps de travail aidée par l'État.

– Les négociations de branche s'emparèrent de la question du temps de travail. Les accords de salaires minima conclus à ce niveau commencèrent à tirer les conséquences de la loi Aubry de l'an 2000 : les salaires minima étaient désormais adoptés pour 35 heures par semaine soit 151 h 66 (ou 67) par mois. La loi engendra un foisonnement de situations selon les secteurs d'activité et selon les entreprises : il y avait celles qui avaient réduit et les autres. Celles qui avaient réduit payaient 39 heures pour 35 heures effectuées et celles qui avaient maintenu 39 heures payaient pour ce nombre plus la majoration de 25 % pour quatre heures supplémentaires, c'est-à-dire qu'elles payaient 40 heures pour 39 heures effectuées. La distorsion était conséquente entre deux entreprises du même secteur.

La négociation de branche joua alors son rôle de régulateur en adoptant des salaires minima pour 35 heures de façon étalée dans le temps : progressivement, la durée du travail prise en compte pour fixer le salaire minimum diminua de façon à rétablir une égalité entre les entreprises : celles qui n'avaient pas réduit durent progressivement appliquer les mêmes grilles de salaires que les autres.

Le temps de travail effectif

Les lois Aubry de 1998 et 2000 furent l'occasion d'un débat sur la notion de temps de travail effectif. Cette notion est fondamentale pour appréhender le temps de travail puisque lorsqu'on parle des durées maximales hebdomadaires et quotidiennes, de 35 heures ou plus avec les heures supplémentaires ou moins avec le temps partiel, d'une heure de SMIC, c'est toujours en temps de travail effectif qu'on parle ou qu'on doit parler.

De quoi s'agit-il précisément ? Il y a temps de travail effectif si trois conditions sont remplies : le salarié est à la disposition de l'employeur, il se conforme à ses directives, il ne peut pas vaquer librement à des occupations personnelles.

Quand ces trois conditions sont réunies, l'heure devient une heure de travail effectif et elle est payée au salaire convenu qui ne peut être inférieur au SMIC horaire ou au salaire minimum défini par la grille conventionnelle de branche ou la grille interne à l'entreprise. Quand des contestations s'élèvent sur des demandes de rappel de salaire, il faut commencer par déterminer la durée exacte de temps de travail effectif. Les juridictions prud'homales et les chambres sociales de Cour d'appel sont très souvent sollicitées pour statuer sur ces demandes : elles doivent apprécier pour ce faire les éléments fournis par le salarié et les réponses apportées par l'employeur.

Les illustrations de l'existence d'un temps de travail effectif ou de son absence sont nombreuses. Par exemple pendant un temps de pause faisant partie explicitement de l'horaire applicable (ainsi la pause déjeuner), le salarié peut vaquer librement à des occupations personnelles même s'il demeure dans les locaux de l'entreprise : il peut notamment lire, se déplacer, téléphoner, discuter ou dormir : il n'y a pas de temps de travail effectif.

Il en est de même des temps consacrés à se dévêtir et à revêtir une tenue de travail lorsqu'elle est imposée sur le lieu de travail : pour le législateur, le temps consacré à ceci n'est pas du temps de travail effectif mais doit faire l'objet de contreparties accordées, soit sous forme de repos soit sous forme financière. C'est ainsi qu'on a vu se mettre en place l'attribution d'un jour de repos sur l'année pour compenser ce temps qui n'est pas rémunéré en temps de travail effectif. Il peut y avoir une contrepartie pécuniaire : elle est forfaitaire et non pas fonction du temps réellement passé. D'ailleurs, que disent les règlements intérieurs et notes de service sur les horaires de travail ? Le salarié doit être à son poste en tenue de travail à l'heure prévue pour le début de la séquence de travail et ceci jusqu'à la fin de la séquence. En pratique, le changement de tenue se fait au vestiaire, en arrivant et en partant de l'entreprise, c'est-à-dire à l'arrivée avant de pointer et au départ après avoir dépointé. L'inverse peut exister : le salarié pointe puis se change. Il est alors payé comme s'il travaillait alors qu'il n'y a pas encore ou qu'il n'y a déjà plus temps de travail effectif.

L'application du principe connaît toutefois des limites : il en est ainsi quand la tenue est indissociable de l'exécution du travail comme pour la danse ou les spectacles.

D'autres périodes consacrées à l'entreprise ne sont pas non plus du temps de travail effectif : astreinte ou temps de déplacement. Ainsi, le temps de déplacement pour se rendre sur le lieu d'exécution du contrat de travail n'est pas un temps de travail effectif. En voici plusieurs illustrations :

– Le trajet domicile-entreprise aller et retour est protégé au titre des accidents du trajet par le code de la Sécurité Sociale mais il se situe en dehors des horaires de travail, peu importe sa durée et sa répétition. C'est aussi pour cela que les salariés à temps partiel ont vu se développer une réglementation limitant le nombre de séquences quotidiennes de travail.

– Quand le salarié a un lieu de travail habituel et qu'« exceptionnellement ou très ponctuellement » il doit se déplacer avec en conséquence un dépassement du temps normal de trajet, il doit bénéficier d'une contrepartie, soit en repos soit en argent. L'importance de cette contrepartie n'est pas définie par la loi, elle suppose une décision interne à l'entreprise : que vaut le fait d'aller dans un autre établissement pour réaliser une action de formation, pour aider une autre équipe, pour compenser des absences ? Il peut y avoir une prime, il peut y avoir attribution d'un repos payé bien entendu, toujours cette compensation est forfaitaire et non fonction de l'importance du dépassement de temps.

– L'hypothèse ci-dessus confirme que le lieu de travail ne relève pas de la sphère contractuelle : non seulement le déplacement n'est pas soumis à la signature d'un avenant au contrat de travail pour recueillir l'accord du salarié, mais de plus la contrepartie ne suppose pas une négociation collective ou individuelle. Certes, le temps de travail fait normalement partie de la négociation annuelle avec la représentation syndicale au même titre que les salaires et dès lors cette question a pu être réglée par ce biais, sans qu'il y ait nécessairement un accord, une décision unilatérale de l'employeur pouvant suffire. En pratique, cette dernière peut être prise lors du déplacement qui va créer le dépassement. Elle peut être non écrite et varier selon les déplacements.

– L'augmentation de la fréquence des déplacements complique la solution : progressivement, le lieu d'exécution du travail évolue, le salarié passe de plus en plus de temps sur la route, dans un train ou en avion, et sa disponibilité peut ainsi ne pas être ou ne plus être suffisamment compensée. Si cette situation est celle d'un seul salarié, de quel outil dispose-t-il en dehors de la discussion avec son employeur ? La négociation collective avec les syndicats n'est pas faite pour traiter des cas individuels, et le salarié s'expose à une sanction s'il commence à refuser des déplacements. Sa situation devient inconfortable si le temps de déplacement n'est pas compté comme temps de travail effectif, aussi bien pendant ses horaires habituels qu'en dehors. Le législateur a pris soin d'indiquer que « la part de ce temps de déplacement professionnel coïncidant avec l'horaire de travail n'entraîne aucune perte de salaire ». Il y a maintien du salaire pour le temps de déplacement compris dans cet horaire mais pas au-delà. C'est cet au-delà qui interroge : quelle limite à l'allongement de la journée ?

– Cette question revient de façon récurrente pour les salariés que leurs fonctions amènent à être itinérants, c'est-à-dire en déplacement en permanence ou une partie de la semaine. Les heures de déplacement s'ajoutent-elles indéfiniment au temps de travail ? Quand le temps de déplacement n'est pas comptabilisé en temps de travail effectif, les limites maximales quotidiennes de 10 heures et hebdomadaire de 48 heures sont considérées comme respectées malgré l'amplitude de certaines journées.

– Quelle limite à l'allongement de la journée ? Le temps de déplacement n'est pas du temps de travail, il n'est pas pour autant du repos. On a pu le qualifier « de temps gris » : ni travail ni repos, mais la loi demeure indécise sur cette question. Les contrats de travail ne l'abordent pas non plus sous l'angle sécuritaire.

– Une troisième dimension fait défaut entre le travail et le repos : la limitation de l'amplitude de la journée par des dispositions réglementaires ou conventionnelles à 11 ou 13 heures ne règle rien. De même pour le repos quotidien de 11 heures dès lors que le temps de déplacement est en dehors. Un accord collectif peut de surcroît déroger à cette durée minimale de 11 heures sans toutefois pouvoir la réduire en deçà de 9 heures en cas d'éloignement entre le domicile et le lieu de travail ou en cas d'éloignement entre différents lieux de travail.

– Des distinctions ou des évolutions sont possibles d'une part parce qu'il existe des décisions de la Cour de cassation prévoyant que le temps de trajet pour se rendre d'un lieu de travail à un autre lieu de travail constitue un temps de travail effectif et d'autre part parce que la Cour de justice européenne a considéré en 2015 que l'article 2.1 de la Directive 2003/88 du 4 novembre 2003 doit faire considérer comme temps de travail les déplacements quotidiens entre le domicile et les sites du premier et dernier clients désignés par l'employeur, pour les travailleurs n'ayant pas de lieu fixe ou habituel. Jusqu'en 2023, le droit français n'a pas intégré ces évolutions dans un texte de loi au bénéfice des itinérants. En pratique, la règle doit-elle être la même selon que l'employeur organise ou non les journées du salarié ? L'autonomie du salarié est-elle de nature à exclure tout temps de travail effectif pour les déplacements ?

– Les conditions d'exercice de l'astreinte sont déterminantes pour éviter la requalification en temps de travail effectif. Le salarié ne doit pas être sur son lieu de travail : il peut aussi ne pas être à son lieu de résidence pourvu qu'il puisse assurer l'intervention requise. Il ne doit pas non plus être à la disposition permanente et immédiate de l'employeur : sa disponibilité doit toutefois répondre à l'objectif poursuivi. Dans ces conditions, seule la durée de l'intervention est du travail effectif et elle est rémunérée en conséquence. En dehors de ce temps d'intervention, l'astreinte fait l'objet d'une contrepartie, en repos ou en argent, parce qu'elle n'est pas du travail effectif. La contrepartie n'est pas nécessairement proportionnelle au temps passé en astreinte : elle peut être forfaitaire, qu'il s'agisse d'une prime ou de la compensation en repos. À noter que la période d'astreinte, exception faite de la durée d'intervention, est prise en compte pour le calcul de la durée minimale de repos quotidien de 11 heures sauf dérogation et pour la durée minimale du repos hebdomadaire de 35 heures consécutives. Le temps d'astreinte est donc assimilé à du temps de repos : un texte spécial fut nécessaire pour cette qualification.

En conclusion, une heure de temps de travail effectif doit être rémunérée selon le tarif horaire applicable au salarié, alors qu'une période non qualifiée de temps de travail effectif peut être rémunérée comme du temps de travail ou différemment, sans que le choix de la rémunération ne vienne affecter la qualification du temps.

Après 2000

De nombreuses modifications furent faites depuis le début du XXIe siècle dans l'organisation du temps de travail. En voici les principales :

– Le législateur a incité les entreprises à réfléchir à l'organisation des temps de travail : la réduction de la durée ne se concrétise pas nécessairement dans le cadre limité de la semaine. On a vu se développer la mise en place de cycles de plusieurs semaines pouvant aller jusqu'à l'année : soit par décision unilatérale (jusqu'à neuf semaines pour les entreprises de moins de 50 salariés ou dans la limite de quatre semaines au-delà de cet effectif), soit par application d'un accord collectif (de branche ou d'entreprise) organisant les fameuses RTT : travailler plus que la durée rémunérée par le salaire habituel et compenser en repos payé le dépassement de cette durée. Dans ce dernier cas, on a pu parler d'annualisation du temps de travail : faire en sorte que les repos soient pris sur une période annuelle pour ramener la durée moyenne à celle rémunérée par le salaire mensuel.

En pratique, cette forme de réduction du temps de travail a connu un succès certain : la réduction de 39 à 35 heures de la durée rémunérée par le salaire a permis d'octroyer autour de vingt-deux jours de repos sur douze mois. Selon la manière dont ont été prises ces RTT, on est passé de cinq à neuf semaines de repos et vacances !

La logique voulait que ces RTT soient prises au fur et à mesure de leur acquisition hebdomadaire ou mensuelle. En pratique, tel n'a pas été le cas et on a vu se développer des reports de jours de repos, y compris au-delà de la période annuelle, et se transformer en indemnité compensatrice au moment du départ de l'entreprise. On a vu ainsi la création du Compte épargne temps : mettre de côté des jours de repos pour les prendre ultérieurement, voire ne pas les prendre et les solder dans ce dernier cas par une indemnité compensatrice, même sans rupture de contrat de travail.

On a assisté ainsi à une perversion de l'objectif recherché par les 35 heures, qui était de protéger voire de développer l'emploi par une réelle réduction du temps de travail.

Par ailleurs, le maintien du salaire en cas de baisse du temps de travail a provoqué une stagnation du pouvoir d'achat : plus de temps pour consommer, mais on ne paie pas ses courses ou des loisirs avec des RTT !

Les grilles de salaires minima de branche et d'entreprise ont mis plusieurs années dans certains cas pour absorber l'augmentation de 10,25 % représentée par le maintien du salaire lié à une réduction de quatre heures du temps de travail. Cette pratique n'a pas été générale : certaines entreprises ne l'ont pas réduit et dans ce cas l'augmentation s'est limitée à appliquer 25 % de majoration sur quatre heures.

D'autres entreprises ont réduit progressivement leur durée du travail, par exemple de deux heures pour commencer : il a fallu articuler le sort du salaire lié à cette réduction et la rémunération majorée des heures travaillées au-delà de 35 heures. Quand on ajoute le fait que certaines réductions de durée du travail ont été compensées par le versement d'une indemnité différentielle et non par une augmentation corrélative du salaire horaire les bulletins de paie ont encore augmenté en complexité ! Cette pratique de l'indemnité différentielle a posé question : doit-elle être prise en compte comme un élément de salaire, par exemple pour calculer le taux horaire à majorer, pour calculer le maintien du salaire en cas d'absence maladie ou congé payé ? Cette question n'est plus toutefois d'actualité : avec le temps, les indemnités différentielles ont été intégrées au salaire horaire, ce qui a confirmé a posteriori leur légitime prise en compte dans le salaire quand elles existaient. Il y a même eu des entreprises qui ont augmenté la durée du travail après l'avoir baissée ! Sur le plan salarial, le coût s'en est trouvé augmenté évidemment.

– La modulation s'est aussi développée afin d'atteindre une durée moyenne après compensation des périodes chargées et moins chargées. La question de la durée moyenne s'est posée en 2000-2002 : la modulation était-elle possible avec une durée moyenne supérieure à 35 heures ? La question ne se posait pas en cas d'anticipation, puisqu'il fallait réduire à 35 heures pour bénéficier des aides publiques. La modification de la réglementation en 2008 a permis de répondre positivement à cette question.

– Ces modifications ont entraîné divers bouleversements dans les pratiques suivies jusqu'ici, en particulier dans le décompte du temps de travail. Les entreprises doivent enregistrer les temps de travail de tous les salariés qui ont un horaire différent de l'horaire collectif. Cet enregistrement ne se fait pas obligatoirement via une badgeuse ou un enregistrement électronique : un suivi des temps de présence par un écrit opposable au salarié, à l'Inspection du travail ou à l'Urssaf suffit. Avec le temps, la notion d'horaire collectif a régressé ! On a de plus en plus d'aménagements d'horaires plus ou moins individuels qui ont nécessité un suivi des heures réellement effectuées. Pour le bénéfice des aides liées aux 35 heures, puis pour le bénéfice des réductions de cotisations sur les salaires ne dépassant pas 1,6 fois le SMIC, il a fallu tenir des décomptes précis d'horaires. Cette obligation a abouti à ordonner le suivi des horaires, mais il faut reconnaître que les contentieux sont nombreux devant les prud'hommes. Le salarié doit produire des éléments sur sa durée du travail et l'employeur doit répondre et apporter ses propres éléments, le juge formant sa conviction sur la base de ces divers éléments.

– Le temps partiel a connu, lui aussi, quelques transformations. Ainsi, au niveau de sa définition : au départ, le temps partiel était celui dont la durée du travail n'excédait pas 32 heures, plaçant le salarié au-delà de 32 et en deçà de

35 heures dans un statut hybride : il n'était plus à temps partiel, mais pas encore à temps complet !

Cette situation a disparu : est à temps partiel celui qui n'est pas à temps complet. Cette définition simple a le mérite supplémentaire d'être en cohérence avec une Directive européenne sur ce thème. Ensuite, on a défini une durée minimale de 24 heures qui peut être augmentée ou surtout abaissée par accord collectif étendu. De plus, cette durée minimale ne s'applique pas si le salarié demande une durée moindre pour tenir compte de contraintes personnelles ou pour lui permettre de cumuler plusieurs activités ou encore s'il a moins de vingt-six ans, pour poursuivre ses études.

Par ailleurs, le contenu de la réglementation a évolué autour de la question de savoir ce qui est contractuel. Pour ce faire, il faut se reporter aux stipulations que doit comporter la lettre d'embauche ou le contrat de travail. Parmi celles-ci : la durée (hebdomadaire ou mensuelle) et sa répartition entre les jours de la semaine ou les semaines du mois. Il est à remarquer qu'on parle de répartition sur des jours de la semaine et non des horaires quotidiens. Cette répartition peut être modifiée : le contrat de travail doit indiquer les cas dans lesquels cette modification peut intervenir et de quelle façon.

Dans ce cadre, le salarié ne commet pas de faute si cette modification n'est pas compatible avec des obligations familiales impérieuses, avec le suivi d'un enseignement, avec l'accomplissement d'une période d'activité pour un autre employeur, ou encore avec une activité professionnelle non salariée. L'indication de cette possibilité permet de considérer qu'il n'y a pas modification du contrat de travail. Il en est de même pour les horaires qui ne relèvent pas du contrat de travail à temps partiel : le contrat doit seulement indiquer comment ils sont transmis au salarié, et ils peuvent ainsi être changés sans modification du contrat. Dans la logique de respect des stipulations ayant valeur contractuelle, un tel contrat doit indiquer si des heures complémentaires pourront être effectuées et dans quelle limite. De même, si un accord de branche étendu applicable à l'entreprise le prévoit, un avenant au contrat pourra augmenter la durée travaillée sans passer par le régime des heures complémentaires.

– Pour les salariés dont le temps de travail est calculé en heures, la réglementation a construit par touches successives un ensemble cohérent, respectueux du principe fondamental selon lequel la convention, légalement formée, tient lieu de loi à ceux qui l'ont faite. Pour les salariés dont le temps de travail est calculé en jours, le forfait jours réduit pose quelques difficultés.

Par exemple, une personne qui, dans le cadre d'un congé parental d'éducation, réduit sa durée de travail à quatre cinquièmes d'un temps plein : l'Europe considérera qu'il s'agit de temps partiel mais non la France qui, elle, estimera que 218 jours de travail sur l'année sont une durée maximale que les parties peuvent réduire. Cette position est contestable : un tel nombre de jours ne constituent que le maximum qui peut être prévu lors de la signature du contrat puisqu'un avenant peut durant l'année augmenter cette durée de travail. Dès lors, fixer un nombre de jours inférieur constituerait un abaissement de ce maximum sans pour autant transformer la relation contractuelle. Quand on ajoute que la non-reconnaissance du temps partiel dans cette hypothèse de forfait jours réduit prive les parties au contrat de travail de la possibilité de pratiquer l'abattement d'assiette prévu pour le calcul des cotisations sociales des salariés à temps partiel, il en résulte une disparité de traitement, le plus généralement au détriment des femmes plus nombreuses que les hommes à prendre un congé parental. Le débat avec l'Urssaf demeure à propos de la proratisation du plafond de calcul des cotisations : est-il applicable depuis 2018 ou comme l'indique le bulletin officiel de la sécurité sociale (le BOSS) depuis 2021 ?

– Indépendamment de cette spécificité du temps réduit, le calcul en jours du temps de travail demeure une exception qui continue de subir des critiques. Il en est ainsi quand on aborde la charge de travail des salariés ayant recours à cette forme de durée du travail : ce sont des salariés, généralement cadres, qui disposent d'une réelle autonomie dans l'organisation de leur emploi du temps. Comment garantir le respect des durées maximales de travail, qu'elles soient quotidiennes ou hebdomadaires ? Non seulement ces durées, prévues pour des salariés dont le temps de travail est calculé en heures, ne sont pas applicables en droit français aux salariés en jours, mais à vouloir garantir une limite de temps de travail on limite leur autonomie qui, pourtant, est une des conditions requises pour le bénéfice du forfait jours. Par ailleurs, comment assurer le lissage de la durée du travail sur plusieurs semaines et *a fortiori* sur l'année ? Pour les magistrats de la Cour de cassation, il faut que l'accord collectif à l'origine de la possibilité de recourir au forfait jours organise un contrôle de la charge de travail. Ainsi, selon une décision du 14 décembre 2022, « sans instituer de suivi effectif et régulier permettant à l'employeur de remédier en temps utile à une charge de travail éventuellement incompatible avec une durée raisonnable », l'accord collectif « n'est pas de nature à garantir que l'amplitude et la charge de travail restent raisonnables et à assurer une bonne répartition, dans le temps, du travail de l'intéressé ». Et d'écarter pour nullité la convention de forfait en jours !

Et pourtant, il y a un article du code du travail (L 3121-65 I) qui indique que même si l'accord collectif n'indique pas les modalités selon lesquelles l'employeur assure l'évaluation et le suivi régulier de la charge de travail et les modalités selon lesquelles les parties au contrat de travail échangent périodiquement entre elles sur cette fameuse charge de travail, « une convention individuelle de forfait en jours peut être valablement conclue ». Il en est de même si l'employeur établit un document de contrôle faisant apparaître le nombre et la date des journées ou demi-journées travaillées – le document peut aussi être complété par le salarié – et si « l'employeur organise une fois par an un entretien avec le salarié pour évoquer sa charge de travail, qui doit être raisonnable, l'organisation de son travail, l'articulation entre son activité professionnelle et sa vie personnelle ainsi que sa rémunération ».

Le recours au forfait jours est source de polémiques depuis de nombreuses années. Il a été permis par les lois Aubry et a subi des assauts syndicaux et judiciaires. Au niveau de l'Europe, le Comité européen des droits sociaux (CEDS) considère que le forfait jours à la française n'est pas respectueux des engagements pris par la France à cause de l'article 17.1 de la Directive sur le temps de travail qui prévoit la possibilité d'exclure de la semaine de 48 heures des travailleurs pour lesquels la durée du travail n'est pas mesurée ou ne peut pas être déterminée par les salariés eux-mêmes, comme les cadres dirigeants ou « d'autres personnes ayant un pouvoir de décision autonome ». Les projets de révision n'ont pas abouti et la Cour de cassation a validé le principe du recours au forfait jours, même si elle l'a entouré de conditions difficiles à concrétiser. Il est certain qu'entre des salariés autonomes et des salariés ayant « un pouvoir de décision autonome », on ne vise pas les mêmes populations. De plus, le droit français permet le recours au forfait en jours pour des salariés non-cadres, ce qui nous éloigne davantage de la position du CEDS. Les critiques syndicales sont simples : avec le calcul en jours, on ne calcule plus en heures, donc plus de contrôle, et compte tenu du repos quotidien de 11 heures, la journée peut faire 13 heures, soit 75 heures par semaine ! Quand on ajoute l'utilisation des téléphones et ordinateurs portables plus le télétravail, « la coupe est pleine ! »

Et pourtant le forfait jours apporte une réponse à diverses préoccupations :

– Sur l'année, 218 jours (y compris la journée de solidarité) correspondent à cinq jours de travail par semaine, et en moyenne annuelle à deux semaines de repos s'ajoutant aux cinq semaines de congés payés. *A fortiori*, quand l'accord de branche ou l'accord d'entreprise abaisse à 210 jours voire 204 jours la durée annuelle, c'est plus de trois ou quatre semaines de repos.

– Le dépassement des 218 jours est soumis à l'accord des deux parties alors qu'on ne demande pas à un salarié en heures son accord pour faire des heures supplémentaires. De plus, les organisations syndicales ont la possibilité de limiter par accord le nombre de jours excédant 218, et le salarié en forfait jours peut refuser de travailler au-delà de la durée à laquelle correspond sa rémunération.

– En l'an 2000, quand la catégorie des cadres dirigeants a été créée, on ne pouvait se contenter de traiter en heures le volume d'activité de tous les autres cadres. La situation avant l'an 2000 n'était pas satisfaisante : bien que la notion d'heures supplémentaires leur soit applicable, beaucoup de cadres en étaient privés à cause du caractère forfaitaire de la rémunération qui était invoqué. Il est vrai que l'autonomie du cadre dans l'organisation de son emploi du temps a pu permettre des dépassements de durée du travail contre lesquels l'employeur n'osait prendre de mesures coercitives, ce qui fait qu'il était accusé de tolérer des heures supplémentaires à défaut de les avoir demandées ou autorisées. On se souvient de ces inspecteurs du travail qui avaient relevé, en fin de journée, les plaques d'immatriculation des véhicules sur le parking des entreprises pour alimenter des PV pour travail dissimulé…

– Le recours au forfait jours est aussi respectueux de l'autonomie contractuelle : certains accords collectifs ont organisé le droit pour le salarié concerné de renoncer au forfait jours qui avait été mis en place par avenant après son recrutement. Bien entendu, cette possibilité est réservée à ceux qui peuvent exercer cette option sans remettre en cause leur contrat de travail. En d'autres termes, le retour à un calcul en heures doit avoir existé.

Aujourd'hui, le débat sur le calcul en jours du temps de travail n'est pas près de s'épuiser. Au fur et à mesure que les conventions de forfait jours sont écartées par les juges, les accords de branche et d'entreprise sont revus en conséquence sans garantie de sécurité juridique, en clair jusqu'au prochain contentieux ! Malgré ces contentieux, le forfait jours continue d'être utilisé : c'est qu'il répond à un besoin. Et pourtant le contentieux coûte cher. Si le forfait jours est remis en cause, on revient au calcul en heures sur trois ans avec appréciation en heures supplémentaires des dépassements d'horaires retenus par le juge qui considère que le taux horaire c'est le salaire défini pour le forfait jours divisé par l'équivalent mensuel des 35 heures. Compte tenu du fait que les salaires en forfaits jours sont supérieurs au salaire pour 35 heures, le gain pour le salarié est encore plus important ! La réalité du temps effectif de travail est déterminante : il faut que les parties s'astreignent à un suivi de la charge de travail.

Y a-t-il une solution alternative ? Il y a aussi les conventions annuelles en heures : certains y voient une solution car le nombre d'heures est défini et il peut s'apprécier sur toute l'année, apportant ainsi la liberté de durées variables selon les semaines.

Mais depuis, plusieurs éléments sont venus complexifier les situations nécessitant d'adapter l'appréciation du temps de travail : la déconnexion et le télétravail. La déconnexion fait partie de ce que doit régler l'accord sur le forfait jours : il faut assurer une coupure entre l'activité professionnelle et la vie privée. On a vu se multiplier des indications sur les courriels comme : « Si vous recevez ce courriel pendant un temps de repos, ne répondez pas ». Est-ce suffisant ? La déconnexion n'est-elle qu'un droit ? Ne faut-il pas l'élever au rang d'obligation ? Ne faut-il pas écrire : « La déconnexion est obligatoire » et prendre les mesures adaptées ? Et ainsi faire en sorte que les échanges écrits via l'ordinateur portable ne puissent être transmis. Certaines entreprises l'ont mis en pratique pour la nuit ou la fin de semaine (samedi-dimanche). Est-il cohérent de constater des envois de courriel à 5 heures du matin ou à minuit ? Certes on connaît par exemple les contraintes familiales et le temps perdu pendant les trajets, mais comment concilier la responsabilité civile de l'entreprise et la responsabilité pénale de l'employeur avec l'autonomie dont bénéficient certaines catégories de salariés ? L'employeur est responsable pour des comportements difficilement maîtrisables ou qu'il ne réussit à maîtriser.

Le recours au télétravail, et surtout son développement depuis le confinement lié au Covid, amène un lot de situations inédites : quelle durée du travail pendant le télétravail ? Pour répondre efficacement à la question, quel contrôle peut être mis en place ? Le télétravail n'a pas pour objet de modifier les horaires et c'est une forme de conciliation des vies privée et professionnelle. Que fait-on de la pratique du télétravailleur qui est connecté à 22 heures ?

Devons-nous conclure que l'employeur est responsable du salarié qualifiable de « mineur social », ainsi que nous le soutenons ?

La représentation du personnel

En 1936 est née l'organisation de la représentation élue par le personnel et depuis 1968 on reconnaît la représentation syndicale, c'est-à-dire celle désignée par le syndicat.

La représentation élue

La législation n'a cessé d'évoluer depuis des décennies, au point de devenir confuse. On a connu trois formes de représentation : les délégués du personnel (DP) en 1936, le comité d'entreprise (CE) en 1945, et enfin le comité d'hygiène et de sécurité (CHS). Ces trois institutions ont évolué puis disparu. La loi avait introduit la possibilité de fusionner DP et CE dans ce qu'on a appelé la Délégation unique du personnel, (DUP) qui n'a guère eu de succès. Ce n'était pas une réelle fusion mais plutôt une superposition des deux instances. Le CHS, lui, est devenu le CHSCT comme si on avait pu traiter de la santé et de la sécurité au travail sans s'occuper des conditions de travail. Les DP, les CE, les DUP et les CHSCT ont disparu entre 2018 et 2019 : il reste le CSE (Comité Économique et Social), et de façon facultative des représentants de proximité. Pour ce qui concerne la représentation syndicale, la section syndicale et le délégué syndical continuent d'exister depuis 1968 ; du fait des règles sur la représentativité, la loi a ensuite prévu le RSS (Représentant de section syndicale) et une des ordonnances de septembre 2017 a aussi inventé le conseil d'entreprise pour regrouper CSE et délégué syndical.

La question de l'adéquation de la représentation des salariés fut posée à de nombreuses reprises et sous plusieurs aspects dans les soixante-dix dernières années :

– En 1936, en 1945 et en 1968, on a élaboré des principes qui ne sont pas remis en cause dans le débat public ; toutefois la multiplicité des instances a posé question : avant 2017, il pouvait exister (depuis 1982) au sein d'une même entreprise qui était composée de plusieurs établissements distincts des DP, des CE, un CCE (comité central d'entreprise), des CHSCT, des délégués syndicaux d'établissement et délégués syndicaux centraux, des représentants de sections syndicales ! Sans parler des commissions obligatoires du CSE et du comité de groupe. Selon l'effectif de l'entreprise, doit-on disposer de ces instances ? Des propositions et des tentatives de réforme ont existé. Ainsi, dès le *Rapport Auroux* de 1981, la possibilité d'attendre cent salariés pour disposer de DP et du CE était évoquée. Ce même rapport avait indiqué qu'un CE coûtait plus cher entre 50 et 75 salariés qu'au-delà. Pourquoi disposer des deux instances si les représentants sont les mêmes ?

– Les instances composées d'élus ont subi quelques assauts : ainsi les CE, faute d'organisation nationale. Pourtant leur désignation repose sur un processus électoral, contrairement aux délégués syndicaux « choisis et désignés par une autorité extérieure à l'entreprise ». On a vu qu'en 2017 les organisations syndicales ont résisté aux bouleversements issus des ordonnances Macron. Pourtant encore, le monopole de présentation des candidatures au premier tour des élections par les syndicats a pu faire débat : l'est-il encore alors que les résultats du premier tour servent à mesurer leur représentativité ?

– Il est certain que le pluralisme syndical aurait pu évoluer : souvenons-nous du protocole conclu en 2008 sous l'égide du Président de la République, par la CGT et la CFDT à propos de la représentativité. Il a permis l'évolution des dispositions législatives et réglementaires sur la représentativité, en créant des seuils d'audience électorale au niveau des branches professionnelles et au niveau des entreprises pour la désignation des représentants syndicaux et la signature des accords collectifs. Il aurait pu entraîner la disparition d'organisations syndicales comme la CGC, la CFTC voire la FO : au moins les deux premières ont été contraintes de poser à leurs congrès la question de leur mariage pour leur survie. Sur le plan national interprofessionnel, toutes les Confédérations de syndicats de salariés ont jusqu'à maintenant sauvé leur tête, mais l'audience est mesurée tous les quatre ans. Au niveau des branches professionnelles, certaines fédérations de salariés ont été contraintes d'interrompre leur participation aux réunions paritaires à défaut d'avoir atteint le seuil de représentativité dans la branche concernée. En pratique toutefois, des fédérations déclarées non représentatives demeurèrent invitées en attendant la prochaine évaluation de représentativité mais sans pouvoir signer un accord collectif de branche !

– Le financement fut aussi un sujet en débat et régulièrement certains hebdomadaires de presse nationale ont attiré l'attention de leurs lecteurs sur des pratiques qui pouvaient apparaître en marge de la légalité. La loi et les conventions collectives ont répondu, au moins en partie, à la question : une loi de 2014 a créé pour toutes les entreprises l'obligation de cotiser à hauteur de 0,016 % de la masse salariale au financement du syndicalisme, du paritarisme et des accords de branche voire interprofessionnels et multiprofessionnels ont ajouté avant 2014 ou ultérieurement une cotisation obligatoire pour les entreprises relevant de leur champ d'application. Au niveau de l'entreprise, le syndicalisme n'est pas financé par l'employeur, au moins directement. Certaines grandes entreprises et certains groupes ont bien mis en place « le chèque syndical », mais à défaut, les dispositions introduites en 1968 (collecte de cotisations en dehors des locaux de travail et en dehors des heures de travail) demeurent le droit commun applicable.

On peut comprendre ce qui a amené à supprimer les délégués du personnel :

– Ils avaient pour mission de présenter des réclamations et les délégués syndicaux des revendications. Une distinction difficile en pratique : examiner des réclamations sur l'application de la réglementation revient également à négocier l'amélioration de l'existant. Cela d'autant plus que le délégué syndical pouvait l'être aussi du personnel et que, dans le cas contraire, il avait la possibilité d'assister aux réunions regroupant les DP et la direction.

– Les délégués du personnel étaient missionnés pour saisir l'Inspection du travail de toutes plaintes et observations relatives à l'application de la loi : chaque salarié peut exercer ce droit.

– Sur de nombreux sujets, la loi avait prévu l'intervention des DP « à défaut de comité d'entreprise ». Ainsi, pour les consultations portant sur les compétences professionnelles (modification collective et durable d'horaire ou encore le planning de congés payés), les DP pouvaient intervenir en l'absence de CE au-delà de 50 salariés. Dans les entreprises de moins de 50 salariés, les DP ont reçu pour attributions des missions consultatives prévues pour le CE au-delà de ce nombre de salariés : licenciement collectif pour motif économique, formation professionnelle ou encore exercice du droit d'alerte en matière de santé.

– Sur le plan du fonctionnement, les délégués du personnel ne disposaient pas de moyens financiers comme le CE et sa subvention de fonctionnement. Cela n'a pas changé avec le CSE des entreprises de moins de 50 salariés : les représentants du personnel dans une telle entreprise ne disposent pas de la personnalité juridique leur permettant d'agir collectivement « ès qualité » devant une banque pour l'ouverture d'un compte courant ou devant un tribunal pour assigner l'employeur par exemple. L'action devant un juge est le fait d'un représentant du personnel nominativement, et non en tant que représentant d'une instance collégiale.

– Quand il y avait DP et CE, il fallait les réunir pour procéder à la désignation des représentants du personnel au CHSCT. Quand le périmètre d'intervention des uns et des autres était différent, par exemple l'établissement distinct pour le CE géographiquement plus important que le périmètre des DP, il était nécessaire de réunir tous les DP compris dans le périmètre du CE pour composer le CHSCT qui lui-même pouvait avoir une compétence géographique en partie différente !

– Une autre particularité a évolué : les suppléants ne sont plus convoqués aux réunions organisées en application de la loi par la direction. Avant 2018, avec CE et DP, une convocation était obligatoire : les suppléants pouvaient assister aux échanges, participer aux débats mais ne pouvaient voter. Ils bénéficiaient ainsi de tous les documents et informations remis aux titulaires. Depuis 2018, leur diffusion doit être recommandée pour assurer l'efficacité en cas de remplacement inopiné d'un titulaire par un suppléant.

– Les délégués du personnel avaient un périmètre d'intervention réductible à un petit établissement, un atelier ou un service, et il suffisait qu'un représentant de la direction reçoive les représentants du personnel, écoute leurs demandes, pour que la loi soit respectée même si ce représentant n'avait pas le pouvoir de décision. Il suffisait qu'il réponde ensuite par écrit dans un délai de six jours sur le registre des délégués du personnel. Autant dire que l'importance des questions pouvait être toute relative. Depuis l'instauration du CSE, dans les entreprises de moins de 50 salariés, les attributions ont été conservées à l'identique mais le périmètre géographique a pu le cas échéant s'agrandir selon l'autonomie de gestion, ou plutôt selon l'absence d'autonomie de gestion des ateliers, services, magasins ou encore dépôts, qui composent l'entreprise : au lieu de plusieurs sites dotés de délégués du personnel, une entreprise d'une quarantaine de personnes composée de deux ou trois établissements peut n'avoir désormais qu'un seul CSE représentant l'ensemble du personnel. En effet, il ne suffit pas d'avoir plusieurs sites géographiquement distincts, encore faut-il qu'ils soient autonomes, notamment sur le plan de la gestion du personnel. Cette modification législative a pu entraîner un éloignement du traitement des questions d'où la possibilité de représentants de proximité pour éviter cette centralisation.

Les DP ont ainsi disparu au profit d'une unique institution, le CSE, applicable à partir de 11 salariés et dont les attributions et les moyens diffèrent entre les moins de 50 salariés et les autres. Ils peuvent toutefois réapparaître à partir de 50 salariés avec les représentants de proximité dont la création est facultative, lorsqu'une entreprise le propose ou l'accepte, dans le cadre de l'accord sur le CSE, puisque ceux-ci sont soit des élus du CSE soit désignés par celui-ci. Contrairement aux pratiques du passé selon lesquelles le législateur ajoutait à ce qui existait et ne supprimait pas, le législateur Emmanuel Macron a permis une compensation à la suppression des CHSCT et des DP en organisant par accord d'entreprise la désignation de représentants de proximité dont les attributions sont limitées à ce qu'a prévu l'accord collectif les instituant. En pratique, il s'agit plutôt de considérations liées aux conditions de travail qu'il faut améliorer, dit-on, sans toutefois prévoir de moyens spécifiques à ces nouveaux élus. Or les conditions de travail relèvent déjà du CSE, de la Commission santé, sécurité et conditions de travail et du droit d'expression directe et collective des salariés dont on a vu pour ce dernier que la pratique de ce droit était toutefois limitée. Quelques années après l'ordonnance de septembre 2017 l'ayant autorisé, le bilan du recours à cette nouvelle instance est nécessairement réduit comme toute chose facultative et nouvelle : qu'est-ce qui peut pousser une direction d'entreprise à doter généreusement des représentants, alors que le thème des conditions de travail est traité sur place par les élus au CSE ou les salariés eux-mêmes ?

La suppression du CHSCT a-t-elle représenté un pas important dans la simplification souhaitée ? On est passé d'une instance autonome – existant à partir de 50 salariés avec ses propres représentants du personnel et leurs crédits d'heures – à une commission du CSE, laquelle n'existe obligatoirement qu'à partir de 300 salariés

Les attributions et moyens utiles continuent d'exister pour les CSE à partir de 50 salariés : quatre réunions par an consacrées aux questions de santé, sécurité et conditions de travail avec invitation de l'Inspection du travail, de la médecine du travail, du service de prévention de la Caisse régionale d'assurance maladie (devenue la CARSAT) comme à l'époque du CHSCT qui se réunissait chaque trimestre. Il en est de même pour l'analyse des risques professionnels comme l'examen des accidents ayant entraîné ou ayant pu entraîner des conséquences graves, le rapport annuel écrit faisant le bilan de la situation générale de la santé, de la sécurité et des conditions de travail dans l'entreprise et des actions menées au cours de l'année ainsi que le programme annuel de prévention des risques professionnels et d'amélioration des conditions de travail fixant la liste détaillée des mesures devant être entreprises : tout ceci continue. Certes la Commission santé sécurité conditions de travail n'existe qu'à partir de 300 salariés mais elle n'exerce ses attributions que par délégation du CSE maintenu à partir de 50 salariés. De plus, même quand elle existe, les consultations obligatoires sur ces thèmes continuent de relever du CSE qui en outre est le seul à pouvoir décider du recours à un expert dans le cadre de sa consultation sur les conditions de travail ou en cas de risque grave, ou encore en cas de projet important modifiant les conditions de santé et de sécurité ou les conditions de travail.

Fin 2023, la question est toutefois posée : à un moment où le sens au travail est soulevé, la suppression du CHSCT n'a-t-elle pas créé un vide dans le traitement des conditions de travail et certains syndicats de proposer le rétablissement d'une instance dédiée et dotée de moyens ?

Le bulletin de paie

Ce document est d'une extrême importance et on ne mesure généralement pas suffisamment celle-ci. Jugeons-en.

– L'employeur est engagé par son contenu. Certes il peut être modifié ou complété, mais cela suppose explication : quel texte, quelle décision ou quelle pratique a évolué pour justifier ce changement ? En pratique, le bulletin lui-même n'explique pas ce changement : au mieux, il comporte une mention qui attire l'attention du destinataire, mais en réalité une note d'information est nécessaire pour comprendre de quoi il retourne. Ce document est le reflet de l'application du code du travail, de la sécurité sociale, de celui général des impôts, de la convention collective et des accords d'entreprise pour ces derniers lorsqu'ils existent.

Devant les formats utilisés, ce condensé est très informatif sur une seule page. Les modifications et compléments apportés au bulletin de paie le sont unilatéralement par l'employeur par application d'un arrêté ministériel, d'un décret, d'une loi, de la convention collective, de la décision du chef d'entreprise sur des points qu'il maîtrise (par exemple, l'évolution des cotisations prévoyance ou frais de santé.)

Le bulletin de paie n'a cependant pas valeur contractuelle : le contenant et le contenu évoluent sans l'accord du salarié. Des lignes peuvent être ajoutées, modifiées ou supprimées sans même son avis voire sans information préalable ni explication *a posteriori*. La communication patronale comporte des domaines non réglementés, à tort ou à raison, mais il ne faut pas l'ignorer. On n'exprimera jamais assez l'importance de ce document vitrine de l'entreprise : mal conçu ou présenté, il soulève des interrogations ou pire des jugements qui doivent être écoutés et qui ternissent, même indûment, une réputation. Il peut circuler dans différents services :

Inspection du travail, impôts, tribunal, banques, sécurité sociale, retraite complémentaire ou encore France Travail. Il renvoie à une série de questions auxquelles l'employeur ne peut répondre s'il est absent ou pour lesquelles il va se réfugier derrière le service ou le prestataire qui en est à l'origine.

– Le salarié, contrairement à l'employeur, n'est pas engagé par le bulletin de paie : sa réception est une obligation mensuelle qui est le parallèle du virement opéré. Aucune acceptation ne peut lui être demandée à ce moment-là, ni des mentions y figurant, ni des montants ou rubriques mentionnés. C'est encore une illustration du caractère unilatéral du bulletin de paie : le salarié a deux ans pour agir quand il s'agit de questions liées à l'exécution du contrat de travail, et une année si l'action porte sur la rupture du contrat. Dans ce délai de saisine du conseil de prud'hommes, les demandes peuvent porter sur les trois dernières années ou sur les trois années ayant précédé la rupture du contrat. Le salarié est en possession d'un document insuffisant pour expliquer sa démarche : il doit disposer des accords de salaires de la branche pour appuyer sa demande de rappel de salaire ; il doit disposer de documents relatifs aux horaires effectués pour réclamer le paiement d'heures ; il doit expliquer en quoi le classement de son emploi n'est pas adapté à son cas particulier au regard de la classification professionnelle de branche. Là encore, le défaut de communication peut entraîner des incompréhensions, voire des rejets et des actions inutiles : un peu de communication suffit souvent.

L'opinion générale considère le bulletin de paie comme un document complexe : un assemblage de chiffres qui en fait un outil illisible. Qui le lit encore, d'ailleurs ? L'employeur ? Il a plutôt tendance à constater le montant des cotisations versées à l'Urssaf ; le salarié, lui, c'est son compte en banque qu'il consulte !

Avec la possibilité de sa communication par voie électronique, le bulletin de paie est-il davantage examiné ? Alors, quelle utilité au bulletin de paie ? Pourrait-on s'en passer ?

La réglementation a évolué avec le temps, en lien ou non avec des rapports remis aux ministres du Travail qui les avaient commandés. Pour avoir participé en 1995 à l'élaboration d'un de ceux-là, à l'initiative de Jacques Barrot, alors ministre du Travail, je peux témoigner que les préoccupations des uns et des autres sont parfois surprenantes et dès lors difficilement conciliables. Quand une commission chargée de préparer ce rapport se compose de représentants syndicaux, patronaux et salariés, d'experts-comptables, d'avocats, de juristes et d'autres techniciens représentant les ministères du Travail, de la sécurité sociale, des finances, on voit d'emblée que la tâche va être difficile. Grâce ou à cause de cette composition, les recommandations sont généralement nombreuses : chacun doit avoir le sentiment d'avoir contribué. Qu'en retient-on ? Ce que le ministre aura décidé et en l'espèce, pour ce rapport de 1995, c'est la revalorisation du plafond sécurité sociale à chaque semestre qui a disparu ! Il faut dire que nous étions dans une inflation plus conséquente que celle constatée jusqu'en 2021. La preuve en est que ces dernières années ce plafond a pu ne pas augmenter tous les ans.

Et pourtant, notre rapport avait relaté des discussions très utiles en vue de la simplification du bulletin de paie en examinant les mentions qu'il comporte. Jugez plutôt :

– Nom, adresse de l'employeur et le cas échéant de l'établissement dont dépend le salarié : ces informations ne changent pas d'un mois sur l'autre ni même d'une année sur l'autre, à quoi bon les répéter tous les mois ? Mieux, en dehors de la raison sociale de l'employeur, le lieu de travail a-t-il sa place ici ? Si le salarié est sédentaire, quel intérêt ? Si le salarié est itinérant dans la réalisation de ses fonctions, quel intérêt ?

– Le numéro de la nomenclature d'activités : répété tous les mois alors qu'il ne change pratiquement jamais ! Que sait le salarié de ce numéro ? De ce qu'il représente ?

Le classement par l'Insee n'est pas infaillible d'ailleurs : il peut y avoir débat sur tel ou tel classement et le cas échéant il peut changer, soit que la réglementation évolue (on a connu dans le passé le code NAF, nomenclature d'activités françaises, à la place du code APE, activité principale exercée, auquel on est ensuite revenu), soit que l'activité de l'entreprise ait connu une mutation.

Ce classement administratif est en pratique utilisé par les négociateurs de branche pour illustrer les activités couvertes par la convention collective : tout ceci est relatif car, dit la jurisprudence, le classement par le code APE n'est qu'indicatif. Ainsi, l'indication du code APE n'est pas déterminante pour savoir si la convention collective indiquée sur le bulletin de paie est la bonne. Mention inutile ou inadaptée ? Il faut savoir que l'entreprise ou l'établissement a un autre numéro qui lui est attribué par la CARSAT (ancienne Caisse régionale d'assurance maladie compétente pour les risques retraite, conditions de travail et élaboration du taux accidents du travail) : quitte à indiquer un numéro, autant indiquer le numéro de risque, ce qui dans une perspective de prévention des risques professionnels et d'amélioration des conditions de travail pourrait être plus utile. Encore qu'on puisse en douter : ce qui intéresse l'employeur et le salarié, c'est l'hypothèse de l'accident du travail. La prévention et la réparation ne passent pas par le bulletin de paie.

– Le numéro d'inscription au répertoire national des entreprises et des établissements : qui vérifie son exactitude ? Personne. Sauf en cas de suspicion de travail dissimulé, et encore : on peut être régulièrement inscrit et pratiquer la dissimulation d'emploi salarié ou la dissimulation d'activité. Ce numéro, à supposer qu'il ait un intérêt pour ce qui nous préoccupe, est généralement mentionné sur le papier à en-tête de l'entreprise. Si ce n'est pas le cas, il peut apparaître sur les factures ou sur Internet. Pas d'intérêt sur le bulletin de paie.

– L'intitulé de la convention collective de branche applicable à l'entreprise : enfin une information utile, mais est-elle indispensable sur le bulletin de paie ? Utile pour vérifier le classement de l'emploi du salarié par rapport à la classification des emplois définie par la convention collective, elle l'est à condition d'être précise et complète. Précise ? Est-ce que sont visées les dispositions étendues de la convention collective ? Dans un cas, ce n'est qu'à partir de la publication au Journal officiel de l'arrêté ministériel qui rend obligatoire la convention collective ou l'avenant que celle-ci ou celui-ci devient opposable à l'employeur, et dans les conditions de délai précisées par les signataires de l'accord. Dans un autre cas, l'absence de référence à l'extension signifie que l'employeur applique les dispositions conventionnelles à compter de la date indiquée, sur l'accord collectif, par les signataires, sans référence à une extension ministérielle préalable. Cela sous-entend que l'employeur adhère à un syndicat patronal signataire de la convention collective et de ses avenants ultérieurs ou qu'à tout le moins, il n'attend pas cette extension pour appliquer les évolutions conventionnelles. Il est évident que tout ceci n'est pas expliqué sur le bulletin de paie. L'information requise n'est donc pas suffisante et de plus l'indication des accords d'entreprise voire d'établissement qui pourtant se situent au niveau du terrain fréquenté par le salarié n'est pas requise à ce stade. Pour disposer de l'information, il faut qu'il se reporte à la notice remise par l'employeur lors de l'embauche l'informant des textes conventionnels applicables ou à la note de service qui doit être affichée à cet effet sur les lieux du travail, précisant les modalités permettant de les consulter pendant le temps de présence dans l'entreprise. En pratique, l'information sur le bulletin de paie ne fait-elle donc pas double emploi ? La notice d'information et l'avis affiché sont plus complets.

– À défaut de convention collective de branche, il faut indiquer « la référence au code du travail pour les dispositions relatives à la durée des congés payés et à la durée des délais de préavis en cas de cessation de la relation de travail ». C'est ce qui explique qu'on puisse y lire les mentions « L 3141 -3 et D 3141-3 et suivants du code du travail » pour les congés payés et « L 1234-1 du code du travail » en cas de licenciement et « L.1237-1 du code du travail » en cas de démission. À charge pour le salarié d'aller les consulter ! Cette mention constitue la concrétisation d'une obligation souscrite au niveau européen : il faut dire que dans la CEE, la couverture conventionnelle des salariés n'est en moyenne que de 56 % (elle est même en baisse d'après une communication de la Commission européenne sur le dialogue social européen du 25 janvier 2023 ; elle est plus élevée en France bien entendu). La limitation à ces mentions est curieuse : ces dispositions sont celles qui seraient les plus connues.

En France, certains bulletins de paye mentionnent chaque mois le nombre de jours de congé acquis par le salarié, y compris ceux de la période annuelle précédente non encore utilisés : c'est une mention non obligatoire.

– Le nom du salarié : curieusement ni le prénom ni l'adresse du salarié ne constituent des mentions obligatoires ! La pratique a comblé cette lacune et même au-delà, puisque des systèmes de paye ont pu ajouter des mentions comme le n° INSEE du salarié, sa date d'embauche, voire sa date de naissance. À noter que le code du travail ne prévoit pas l'obligation pour le salarié d'informer son employeur d'un changement d'adresse.

– L'emploi du salarié et sa position dans la classification conventionnelle (niveau, coefficient) : les qualifications d'ouvrier, d'employé, de technicien, d'agent de maîtrise, de cadre n'apparaissent pas dans les mentions du bulletin de paye requises par le code du travail. Or, pour ce qui concerne la retraite complémentaire, les cotisations sont pourtant différentes selon que le salarié est ou non cadre voire technicien-agent de maîtrise. L'article R 3243-1 du code du travail vise la classification conventionnelle : *a priori*, c'est la convention de branche qui est concernée. Toutefois, sous réserve de respecter le classement minimum de l'emploi résultant de cette dernière, le classement des emplois dans une entreprise peut résulter d'un accord collectif interne ou d'une décision unilatérale.

– La période et le nombre d'heures de travail auxquels se rapporte le salaire, et le code de distinguer « s'il y a lieu » les heures normales et les heures supplémentaires : curieusement, il n'est pas question des absences et de la réduction correspondante du salaire. D'ailleurs, quelle méthode pour cette réduction ? Puisque le salaire est mensuel ou mensualisé, est-ce qu'on déduit les heures d'absence par rapport à 151, 67 heures, c'est-à-dire l'équivalent au mois des 35 heures, et avec un taux horaire résultant de la division du salaire par 151, 67 heures ? Cela serait logique : la déduction des absences s'exprime en heures par rapport au salaire habituel. Toutefois cette méthode peut être écartée : soit parce que la convention collective a fixé un mode de calcul des absences (par exemple en jours ouvrés, ouvrables ou encore calendaires), soit parce que la durée du travail a représenté plus de 151, 67 heures au cours du mois, soit enfin et surtout parce que la Cour de cassation a demandé que la déduction des absences soit établie par rapport à la durée réelle du mois concerné. Par exemple, selon le nombre de jours ouvrés du mois, la durée normale de travail sans absence aurait été de 161 heures (quatre semaines de 35 heures, plus trois autres jours de 7 heures) : pour les magistrats, ou au moins certains d'entre eux, il faut diviser le salaire mensuel par 161 heures pour obtenir le taux horaire et déduire du salaire le total : taux horaire fois nombre d'heures d'absence. Il en résulte une variation du taux horaire selon les mois, alors que le salaire de base n'a pas été modifié ! Mieux encore, au cours du même mois, quel taux horaire retenir pour les absences une certaine semaine et les heures supplémentaires une autre semaine du même mois ?

En l'absence d'indication par le code du travail et la convention collective, est-ce qu'on privilégie la position de la Cour de cassation ou la méthode pratiquée par usage par l'entreprise et résultant de son logiciel de paye ?

– Il faut également mentionner pour les cotisations à la charge de l'employeur « le montant et l'assiette » et *idem* pour celles à la charge du salarié à qui il faut aussi indiquer le taux des différentes cotisations à sa charge. Ainsi, pour les cotisations patronales, le taux n'est pas indiqué : pourquoi cette différence alors que le patronat est attentif à valoriser le poids des charges ?

Ceci vaut aussi bien pour les cotisations et contributions « d'origine légale et conventionnelle » : les cotisations prévoyances et frais de santé peuvent aussi résulter d'une décision unilatérale de l'employeur. Encore une inadaptation de la réglementation à la diversité des situations. Les responsables des services paie ont un fonds de commerce inépuisable. En pratique, cela signifie une ligne par cotisation. Le rapport remis au ministre Jacques Barrot en 1995 avait proposé de regrouper en une seule ligne les contributions en distinguant le montant total à la charge de l'employeur et celui à la charge du salarié. La globalisation a été tentée, mais n'a pas abouti. Résultat : le détail et le total des différentes cotisations et contributions sont indiqués par obligation de la loi.

– Encore une illustration de l'inadaptation de la réglementation du bulletin de paie : le bulletin de paie doit indiquer « le montant de l'indemnité » correspondant aux jours de congé qui ont été pris au cours du mois. Indiquer les dates est simple, en revanche l'indemnité est-elle celle assurant le maintien du salaire ou un prorata de l'indemnité dont on sait qu'elle est égale au dixième de la rémunération annuelle ? Plusieurs difficultés : la première est celle évoquée précédemment, à savoir la méthode pour déduire l'absence pour congé annuel. Puisque les congés se calculent en jours ouvrables, divise-t-on cette fois le salaire mensuel par 26 (moyenne mensuelle de jours ouvrables calculée sur l'année) ? Autre difficulté : l'indemnité calculée sur la base du dixième peut être plus importante que le strict maintien du salaire : doit-on attendre que le salarié ait pris la totalité de ses congés rémunérés par le maintien du salaire pour comparer le total déjà payé avec le montant provenant du calcul sur la base du dixième ?

Au-delà de ces considérations techniques, quelques constats :

– Le bulletin de paie est un enjeu par son exploitation politique ou publique : c'est une vitrine pour les mesures d'exonération de cotisations, ou pour la retenue fiscale à la source.

– Pour l'employeur, c'est le document : quoiqu'on puisse dire sur la recherche d'un sens au travail, le niveau de salaire et au-delà le niveau de revenu grâce aux avantages annexes et aux rémunérations différées continuent de constituer un critère.

– Pour les représentants du personnel et syndicaux, la revendication salariale demeure essentielle : l'épargne salariale n'est pas garantie, elle n'est pas prise en compte pour le calcul des prestations Assedic et retraite, ou pour l'obtention d'un emprunt par exemple.

– Pour le salarié, son budget est organisé par rapport à son net mensuel, peu importe la présentation du bulletin de paie. Cette présentation, est-il nécessaire qu'elle soit aussi compliquée avec une multitude de lignes, le cas échéant rédigées de façon abrégée difficilement compréhensibles et avec tant de chiffres ? Dans certaines entreprises, le bulletin de paie fait plus d'une page ! Ce n'est pas toujours à cause de la réglementation : certaines entreprises ont ajouté des informations. Par exemple : les droits RTT ou à repos compensateur peuvent figurer ailleurs que sur le bulletin de paie.

Le décompte des jours, voire des demi-journées travaillées, pour les salariés dont la durée du travail est décomptée en jours peut s'effectuer en dehors du bulletin de paie. Il s'agit même d'une pratique recommandée puisqu'il faut surtout raisonner en charge de travail afin de permettre le suivi du droit au repos. Certaines entreprises utilisent aussi le bulletin de paie pour le suivi dans l'attribution des tickets-restaurant. On peut aussi y trouver les références bancaires du salarié.

Mais ce bulletin, peut-on le supprimer ? Dans sa périodicité et sa présentation actuelles, sûrement : on a vu que certaines mentions n'avaient pas d'intérêt, que certaines sont inadaptées et pourquoi répéter chaque mois les mêmes indications ? Quand le brut et le net sont identiques d'un mois sur l'autre, quel intérêt d'accompagner le paiement du salaire d'un document dont le détail n'est pas davantage lu en février qu'en mars ou en septembre ?

On pourrait imaginer un document annuel comportant l'ensemble des informations utiles, mentionnant le brut, le détail des cotisations et le net versés l'année écoulée et les mêmes indications pour les douze mois à venir et un bulletin simplifié quand la paie du mois comporte un changement : absence payée ou non, heures supplémentaires pour les temps pleins, heures complémentaires pour les temps partiels, prime, augmentation en cours d'année notamment.

Voici beaucoup d'hypothèses, pourra-t-on objecter. Peut-être, mais même si un bulletin est remis tous les mois à cause d'éléments variables, il peut être allégé : nom du salarié, modifications à la hausse ou à la baisse du brut, conséquence sur le montant net versé le mois considéré, montant détaillé des cotisations salariales (plus montant global des cotisations patronales du mois), prélèvement fiscal à la source : cela représente cinq ou six lignes. Cela serait très différent d'avec la situation actuelle !

Certaines entreprises expérimentent aussi le BSI (Bulletin social individuel) récapitulant ce qui constitue le revenu annuel : le salaire mensuel, les primes, l'épargne salariale quand elle existe, les titres-restaurant le cas échéant, la couverture sociale complémentaire. Selon les pratiques ou les besoins RH de l'entreprise, on peut encore ajouter la pratique des entretiens annuels pour les forfaits jours, l'entretien professionnel tous les deux ans, les entretiens lors de la reprise d'activité après absence de longue durée. Plus généralement, ce document comporte aussi ce qui a pu changer par rapport à l'édition annuelle précédente dans le contenu des accords collectifs appliqués par l'employeur, dans le statut social, dans les cotisations sociales patronales et salariales. N'oublions pas que le bulletin de paie est une vitrine de l'entreprise pour le salaire, mais qu'il y a tout le « *off* », c'est-à-dire ce qui n'apparaît pas à la lecture d'un bulletin de paie : les remboursements de frais de déplacement, de restauration, les prestations qui peuvent être assurées par le CSE.

Dans la perception de ce qui environne son emploi, le salarié ne considère pas ainsi de nombreux domaines de communication : contrairement à la définition même du contrat de travail, le versement d'un salaire en contrepartie de l'exécution d'une tâche sous l'autorité d'un chef d'entreprise n'est pas le seul objet.

2.

UN DROIT CONFORME AUX ATTENTES DE L'ENTREPRISE ?

Salariat ou non-salariat ?

On a tendance à assimiler droit du travail et salariat, mais la question est beaucoup plus complexe que cela. Il faut d'abord s'interroger sur le statut social : le travailleur n'est pas toujours titulaire d'un contrat de travail. L'exercice d'une activité peut en effet se réaliser dans plusieurs cadres : celui du non-salariat, c'est-à-dire du travailleur indépendant, de l'auto-entrepreneur, du consultant, ou du professionnel libéral, lesquels n'ont pas de contrat de travail, faute de lien de subordination. Mais encore dans le cadre de la présidence ou de la gérance d'une société : le président ou le gérant n'est pas subordonné à une personne, mais il peut relever du régime général de la sécurité sociale selon le type de société et son pourcentage de détention dans le capital de la structure juridique.

Il peut aussi y avoir cumul des statuts sociaux : on peut être salarié et non-salarié dans le cadre d'un cumul d'activités exercées distinctement. On peut aussi être salarié au sein de plusieurs entreprises simultanément (le multi-salariat peut nécessiter quelques adaptations). Le portage salarial permet, quant à lui, d'exercer une activité en principe indépendante dans le cadre du contrat de travail conclu avec une société *ad hoc*. Un salarié peut aussi être mis à la disposition d'une autre entreprise par son employeur dans le cadre d'une convention tripartite.

Ces questions sont ordinairement peu traitées, et quand elles le sont, c'est souvent par la présentation d'un des statuts et non pas de manière générale. Or, s'il y a un code du travail dont relèvent ceux qui ont un contrat de travail, il n'y a pas un code des non-salariés qui regrouperait les règles applicables à ceux qui en permanence recherchent un travail pour préserver ou accroître leur volume d'activité et ainsi obtenir des revenus.

En pratique, il y a le droit commun (le salariat) et les dérogations (le dirigeant non salarié, le travailleur non salarié, l'agent commercial) : mais durant les 50 dernières années, on s'est préoccupé surtout du salariat. Ainsi, le code du travail a pris du volume, surtout depuis le début des années 1980, après l'élection de François Mitterrand en 1981. Les partenaires sociaux ont multiplié les négociations pour un droit du travail qui a évolué : les accords nationaux interprofessionnels et les conventions collectives se sont développés, mais il n'existe toujours pas de convention collective générale des non-salariés.

Pourtant des situations de fait existent qui ont fait évoluer la situation. Par exemple, les fameux Uber et autres livreurs de repas : pour eux, une organisation de leur représentation collective fut nécessaire pour l'attribution d'un statut. De même, des contributions doctrinales ont vu le jour pour créer un droit de l'activité professionnelle : voir ainsi les travaux de Jacques Barthélémy, avocat en droit social, grand spécialiste des régimes de retraite et de la protection sociale complémentaire, fondateur du célèbre cabinet du même nom, pour lequel j'aurai travaillé pendant 45 ans. Ses travaux sont importants sur la « parasubordination », afin de proposer une troisième voie entre le salariat et le non-salariat. En 1993, déjà, il fit un rapport pour le Conseil économique et social (CESE désormais) dont il était membre, pour organiser un statut de l'indépendant, donnant pour résultat le contrat « Madelin ».

Le contenu du contrat de travail

C'est l'un des grands mystères de notre droit : le code du travail n'a pas défini, jusqu'à un passé récent, le contenu du contrat de travail à durée indéterminée. Il l'a fait pour des contrats dits dérogatoires comme le CDD (contrat de travail à durée déterminée) ou les contrats de travail à temps partiel, qu'ils soient à durée indéterminée ou déterminée, mais il n'existait pas un article du code du travail qui récapitulait ce que l'on doit écrire sur une lettre d'engagement conclue pour une durée indéfinie. Il a existé une Directive européenne (91/533/CEE du 14 octobre 1991) relative à l'obligation de l'employeur d'informer le travailleur des conditions applicables au contrat ou à la relation de travail. Elle a été traduite en droit français, mais seulement au niveau du bulletin de paie qui n'a pas de valeur contractuelle dans les termes suivants : « L'intitulé de la convention collective de branche ou, à défaut, la référence au code du travail pour les dispositions relatives à la durée des congés payés du salarié et à la durée des délais de préavis en cas de cessation de la relation de travail » (R3243-1, 3° du code du travail). Cette directive a depuis été abrogée avec effet au 1er août 2022 par la Directive 2019/1152, datée du 20 juin 2019, qui a énuméré en son article 4 les éléments essentiels que l'employeur a l'obligation de communiquer à ses salariés. Il a fallu attendre la loi n° 2023-171 du 9 mars 2023 (articles 19 et 20) pour que le droit français intègre cette Directive et c'est le décret n° 2023-1004 du 30 octobre 2023 qui a permis, à compter du 1er novembre 2023, l'entrée en application de ce dispositif (plus de 4 ans après la Directive Européenne !)

Certaines informations sont nouvelles dans le cadre national issu de la loi (les conventions collectives avaient déjà pu prévoir cette mention).

Ainsi, le lieu de travail (ou selon ce décret, les lieux de travail et si elle est distincte, l'adresse de l'employeur) : il ne s'agit pas de contractualiser un lieu d'exécution de l'activité. L'indication du siège de l'entreprise (et lieu de l'établissement même si la Directive ne l'exige pas) est une première information, mais elle ne suffit pas si le salarié n'a pas un lieu fixe ou prédominant : il faut mentionner le principe selon lequel le travailleur est employé à divers endroits ou est libre de déterminer son lieu de travail. En d'autres termes, le lieu de travail n'a pas de valeur contractuelle ; si cela était, il faudrait un avenant au contrat de travail pour le modifier et le refus par le salarié de cette modification entraînerait alors son licenciement pour motif économique, dès lors que le nécessaire changement de lieu a pour origine une motivation liée au fonctionnement de l'entreprise.

Ainsi, le droit à la formation est assuré par l'employeur. La formulation est restrictive : il y a la formation à l'initiative de l'employeur et celle à l'initiative du salarié. Au moment du recrutement, faut-il rappeler que le salarié peut bénéficier d'actions de formation dans le cadre du plan de développement de compétences organisé par son employeur tous les ans ? Et encore cette exigence d'un plan ne concerne que les 50 salariés et plus ! Faut-il rappeler que l'employeur non seulement doit assurer l'adaptation des salariés à leur poste de travail mais aussi doit veiller au maintien de leur capacité à occuper un emploi. Selon la Directive et le décret, une référence à la loi et à la convention collective suffit. Quel progrès dans la communication ?

Ainsi encore la procédure à observer en cas de rupture de la relation de travail par l'employeur ou le salarié : à quelles hypothèses faut-il faire référence ? Au licenciement, à la démission, à d'autres ? À défaut de pouvoir indiquer la durée du préavis applicable selon l'origine de la rupture, il faut mentionner les modalités de détermination de ces délais de préavis. Un renvoi à la loi et à la convention collective est suffisant. Tout cela pour ça !

Qu'apportent donc cette loi et ce décret, en dehors des renvois aux dispositions légales et conventionnelles (sur la période d'essai, les éléments constitutifs de la rémunération, la durée du travail, le droit à la formation, les congés payés, la cessation de la relation de travail, les régimes obligatoires de protection sociale comme les frais de santé et la prévoyance) ?

Les informations à remettre concernent l'identité des parties (!), le lieu de travail, l'intitulé du poste, les fonctions, la catégorie d'emploi, la date d'embauche, la durée prévue, le cas échéant, du contrat de travail à durée déterminée : rien de très nouveau pour le droit du travail français.

Pour le contenu du contrat de travail, la loi n'a pas fait la distinction entre le terrain du contractuel et celui de l'information : pour les deux parties, existent ce qui est négociable et ce qui est imposé. La première catégorie comprend des éléments individuels ou contractuels et la seconde le reste des éléments qu'on peut qualifier d'informatifs.

On peut ainsi affirmer que tout ce qui est écrit sur la lettre d'engagement ou le contrat de travail n'est pas contractuel, puisque les divers éléments d'information proviennent de sources différentes. Par exemple, le droit au congé payé : la lettre d'engagement doit *a minima* indiquer « les modalités d'attribution et de détermination de ce congé ». Ce droit relève de la loi, de la convention collective et des pratiques de l'entreprise : ils peuvent évoluer sans que l'accord du salarié pour l'entrée en application des modifications soit requis.

Il en est de même pour les procédures de rupture et de préavis comme de l'identité des organismes de sécurité sociale et de protection sociale complémentaire : leur modification s'impose au salarié comme à l'employeur. Pareil pour la convention collective : sa révision et sa dénonciation ne requièrent pas un accord du salarié et de l'employeur. Cerner le champ du contractuel n'est ainsi pas aisé car la liberté est limitée dans certains cas. Par exemple, pour la période d'essai : sa durée est définie par la loi et/ou la convention collective et il s'agit d'une durée maximale. Pourtant, une durée plus courte est possible : librement négociée par les parties, elle s'imposera et il ne sera pas possible unilatéralement d'augmenter sa durée ni de la renouveler.

Ainsi, on le voit, des changements dans des éléments non-contractuels s'imposent quand des modifications contractuelles requièrent, elles, un accord express.

La grille de lecture pour cerner l'impact individuel repose sur la source de la disposition concernée : s'agit-il de la loi, ou de la convention collective, ou d'un accord d'entreprise ou d'établissement ? Ou encore d'une pratique collective interne à l'entreprise ? Quand le contrat de travail fait référence à la loi, à des sources conventionnelles, à des usages ou des décisions unilatérales, les dispositions correspondantes n'ont pas pour autant acquis une valeur contractuelle.

L'application de ce principe ne peut surprendre : une prime prévue par une convention collective peut évoluer voire disparaître sans qu'il y ait atteinte à un élément contractuel donnant au salarié le droit de refuser. L'avantage prévu pour une durée déterminée cesse à son terme, c'est logique.

L'accord à durée indéterminée peut être révisé et le texte issu de la révision acquiert force obligatoire. L'accord à durée indéterminée peut aussi être dénoncé : l'accord dit de substitution s'applique sans maintien d'un avantage qui serait acquis, sauf clause contraire que les parties ont pu introduire.

La dénonciation d'un accord collectif à durée indéterminée sans accord de substitution engendre toutefois une particularité qu'est venue limiter la loi El Khomery dans ce qu'on appelait l'avantage acquis : le salarié, après cette dénonciation non suivie d'un accord de substitution, dans les 12 mois suivant la fin du préavis de dénonciation, ne peut percevoir, à durée du travail identique, une rémunération inférieure à celle des douze derniers mois.

Il en est de même des accords d'entreprise ou d'établissement : les parties peuvent les réviser et les dénoncer dans les mêmes conditions. Mieux encore : dans le cadre de la négociation annuelle sur les salaires, quand elle existe, avec la représentation syndicale, l'accord conclu, en principe pour une année, cesse de s'appliquer à l'échéance prévue même si aucun nouvel accord n'est conclu faute de consensus entre les parties à l'issue de la négociation.

La précarité est plus importante encore quand l'avantage dénoncé résulte d'un usage, d'un accord passé avec des représentants du personnel sans respect des règles sur la négociation collective ou encore d'une décision unilatérale de l'employeur : la dénonciation d'un avantage mis en place pour une durée indéfinie entraîne sa disparition à l'expiration d'un préavis d'au moins trois mois sans obligation de négocier un avantage de substitution. Cette hypothèse vise l'avantage écrit octroyé par l'employeur en dehors d'une obligation législative ou conventionnelle ou celui résultant d'une pratique constante (répétition de l'avantage), fixe (des modalités de calcul qui se répètent) et générale (la collectivité entière de salariés, ou à tout le moins une partie catégorielle de cette collectivité).

Puisque la loi n'avait pas défini, jusqu'au 1er novembre 2023, le contenu du contrat de travail à durée indéterminée à temps complet ou a renvoyé le contenu à la loi et la convention collective, le praticien s'en remet à la convention collective de la branche appliquée : quelles mentions faut-il faire apparaître sur la lettre d'embauche ou le contrat de travail ? Mais avant même de s'interroger sur ce qui est contractuel ou informatif, il faut encore définir la durée de la relation de travail.

La durée du contrat de travail

Ce sont des questions récurrentes qui agitent les débats politiques et syndicaux, depuis plus de quarante ans : le CDI est-il l'objectif à atteindre pour être sécurisé ? Le CDD, est-ce la précarité ? Faut-il libéraliser ce dernier pour pouvoir embaucher librement ?

Le droit a beaucoup évolué depuis l'élection de François Mitterrand en 1981. Avant 1982, le recours au CDD était libre : il n'était pas nécessaire d'indiquer un motif pour y recourir. De plus, les CDD pouvaient se succéder, et les renouvellements s'enchaînaient. L'ordonnance n° 82-130 du 5 février 1982 remit en cause la loi n° 79-11 du 3 janvier 1979. Elle affirme ceci :

– Le principe selon lequel le contrat de travail de droit commun est le contrat à durée indéterminée ;

– Précise que le contrat à durée déterminée est limité à des cas où l'emploi pourvu ne présente pas un caractère permanent et dès lors il est limité dans le temps ;

– Garantit aux CDD le bénéfice des dispositions légales et conventionnelles et des usages applicables aux salariés permanents ;

– Enfin, accorde une indemnité de fin de contrat aux salariés employés dans ces conditions.

En voici les conséquences pratiques : il faut désormais un motif pour recourir au CDD, et le cas échéant une amende de 3 750 € est appliquée, qui est doublée en cas de récidive. Le motif lui-même n'est pas libre. Si le motif utilisé n'est pas exact, le CDD est requalifié en CDI puisque les conditions d'utilisation du contrat dérogatoire ne sont pas remplies. La liste des motifs est limitative : aucune liberté n'est laissée par exemple aux partenaires sociaux pour compléter la liste. Il faudra attendre quelques années pour qu'une loi permette à un accord de branche étendu de compléter la liste des secteurs d'activité pouvant utiliser le CDD dit d'usage, c'est-à-dire lorsqu'il est d'usage de ne pas recourir au CDI en raison de la nature de l'activité exercée et du caractère par nature temporaire de ces emplois. Le CDD a une durée maximale, y compris en cas de renouvellement. Il a fallu attendre une autre loi pour que, par accord de branche étendu, l'on puisse augmenter et la durée et le nombre possible de renouvellements. De plus, la loi sur les CDD ne permet que les dérogations qu'elle autorise : il en est ainsi pour la réduction ou la suppression du délai de carence quand il est requis entre deux CDD. Il faut ajouter que le contrôle préalable du ministère du Travail est incontournable : seule la validation de l'accord collectif de branche par le biais d'un arrêté d'extension permet l'entrée en application des aménagements conventionnels. *In fine*, force est de constater que la négociation d'entreprise ne peut rien en la matière – sauf pour le cas particulier de recrutement d'ingénieurs et de cadres en vue de la réalisation d'un objet défini. À croire que le chef d'entreprise et les organisations syndicales représentatives ne sont pas suffisamment majeurs pour le recrutement ! Une autre exception à signaler : un accord d'entreprise peut limiter à 6 % l'indemnité de fin de contrat si des contreparties sont offertes aux salariés en CDD, notamment sous la forme d'un accès privilégié à la formation professionnelle.

Au cours des quarante dernières années, il a fallu systématiquement recourir à la loi pour faire évoluer le droit en la matière. Par exemple, pour en allonger la liste des cas de recours, on a créé le CDD de remplacement provisoire du chef d'entreprise ou de son conjoint, ou d'un associé non salarié ! D'une autre façon, on a permis l'arrivée du CDD remplaçant avant le départ de la personne à remplacer.

L'utilisation du CDD

Selon l'objectif des auteurs de la loi, il ne peut s'agir de pourvoir durablement un emploi lié à l'activité normale et permanente de l'entreprise. *A contrario*, un CDD sert à pourvoir ce type d'emploi à condition que cela ne soit pas « durable ». On le comprend aisément pour les hypothèses de remplacement. De même, un emploi saisonnier a une périodicité et une durée « fonction du rythme des saisons ou des modes de vie collectifs ». Il en est encore de même quand il s'agit de favoriser le recrutement de personnes sans emploi ou d'assurer un complément de formation professionnelle au salarié.

S'agissant du motif « d'accroissement temporaire de l'activité de l'entreprise », véritable tarte à la crème du CDD, l'accroissement est-il toujours temporaire au cours des dix-huit mois qui constituent la durée maximale ? Dans ce cas – *a fortiori* au-delà – si un accord de branche étendu a augmenté cette durée et de même encore si l'accord de branche étendu a prévu plus de deux renouvellements qui constituent la norme possible en l'absence de cet accord collectif ? La question demeure sans réponse.

Le CDD répond à une préoccupation d'ajustement des moyens au volume d'activité, ce n'est pas contestable : mais dans la motivation n'y a-t-il pas aussi une forme de période d'essai ?

On peut le penser au regard de l'accroissement d'activité : l'augmentation des commandes, de la fréquentation va-t-elle se prolonger ? Dans ce cas, le CDD joue son rôle. S'il s'agit d'apprécier les compétences de celui qui va occuper le poste, le CDD n'est pas opportun : la période d'essai du CDD est beaucoup plus courte que celle du CDI, laquelle peut durer jusqu'à quatre mois pour des ouvriers et employés et six mois pour des techniciens et agents de maîtrise, si un accord de branche étendu a prévu la possibilité du renouvellement.

On peut aussi se demander si le CDD est aussi précaire qu'on le prétend. Un CDD de six, douze ou dix-huit mois apporte une garantie d'emploi pendant cette période que ne procure pas le CDI qui peut être rompu à tout moment. Le CDD, lui, ne peut être rompu avant son terme qu'en cas de faute grave, de force majeure ou inaptitude du salarié. Au terme du CDD, le salarié peut refuser le renouvellement ou le passage en CDI sans perdre le bénéfice possible des allocations de France Travail, contrairement au CDI qui démissionne. Sauf hypothèse du licenciement pour motif économique avec bénéfice du CSP (Contrat de sécurisation professionnelle) pendant la première année, le CDD perçoit les mêmes prestations chômage que le CDI licencié.

Selon les objectifs poursuivis par le législateur de 1982, on relève la volonté de faire bénéficier les CDD des dispositions applicables aux CDI. Le principe a été posé sans dérogation possible et la condition d'ancienneté qui peut être prévue pour un avantage par le texte l'instituant s'applique aux deux catégories de contrats de travail. Mais pour le point précis de l'ancienneté, la loi n'a pas prévu (sauf pour certains CDD saisonniers) d'additionner les périodes d'emploi en cas de recours au CDD de façon discontinue pour le même salarié : sauf clause conventionnelle ou usage plus favorable, cela n'existe pas non plus pour le CDI en cas de nouvelle embauche après une sortie des effectifs.

Pour les salaires, le CDD ne peut être exclu des minima applicables à l'entreprise (SMIC ou salaires minima fixés par la branche ou par une grille interne à l'entreprise). Certes, le salaire réel lié à l'expérience ou à l'ancienneté diffère entre le CDD et le CDI. Cela étant, il n'est pas rare de trouver des salaires en CDD supérieurs au CDI pour un même poste, afin d'attirer des candidatures pour des emplois provisoires. Est-ce un détournement de l'esprit du droit du travail ?

Mais peut-on pour autant faire mieux ou autrement ? Depuis 1982, des compléments ont été apportés à la réglementation du CDD. Rien que pour les dix dernières années, des lois sont intervenues pratiquement tous les ans pour apporter ici ou là une précision ou un complément. Mais aucune réforme d'ensemble n'a vu le jour.

L'évolution de la relation contractuelle

Le contrat de travail est à exécution successive : ce qui signifie qu'il peut évoluer en de multiples aspects, concernant possiblement aussi bien le salarié que l'employeur ou l'entreprise. Mais peu de textes régissent l'évolution du contrat de travail : on connaît plus de dispositions législatives sur la conclusion et la rupture que sur la modification du contrat de travail. Ce qui est contractuel et ce qui ne l'est pas ne relève pas de la loi mais de la jurisprudence, d'où naissent des incertitudes. Après l'élection de Nicolas Sarkozy en 2007, les Confédérations patronales et salariales aux niveaux national et interprofessionnel avaient commencé des discussions sur la définition de la sphère contractuelle : on n'a jamais eu connaissance d'un accord sur ce terrain et pas davantage d'un état d'avancement de leurs travaux !

Pourtant les questions sont importantes et concrètes : si l'ancienneté du salarié augmente, quelles sont les conséquences ? Si la réduction de son aptitude médicale impose des décisions, que devient-il ? Ou encore, si le salarié déménage, quelles sont les conséquences ?

D'un autre côté, les changements peuvent avoir aussi et surtout l'entreprise pour origine : dans ce cas-ci, s'imposent-ils au salarié ?

Qu'il s'agisse du lieu ou de la durée du travail, des horaires, du rythme de travail, de la rémunération, quel est le mécanisme mis en œuvre pour maintenir la relation de travail ? Des garanties existent-elles ? Jusqu'où l'employeur peut-il aller dans l'exercice de son pouvoir de direction ? Quant au salarié, son droit de refus n'est-il pas biaisé ?

Avec le temps, les mots ont évolué, des situations ont provoqué l'adoption de textes législatifs qui ont renvoyé aux parties concernées le soin de traiter la question.

Mais pour cerner les enjeux, quelques explications sont nécessaires.

Il s'agit d'une confrontation entre le droit de diriger et le droit contractuel : comment peut-on concilier le lien de subordination et l'égalité des parties dans un contrat ? Peut-on parler d'égalité quand l'une des parties peut imposer des changements aboutissant à la rupture du contrat ? Même si la distinction clause contractuelle/clause informative permet au salarié de refuser des modifications qu'il jugera

« substantielles », la perte de l'emploi rendra ce droit illusoire. C'est du moins la perception qu'il peut en avoir.

Le discours public est tout à l'opposé : le code du travail protège le salarié, il est de plus en plus complet voire complexe, à tel point qu'il découragerait d'entreprendre, voire de travailler. La réalité est bien différente : le droit de diriger n'est pas affecté par un code du travail protecteur des salariés. C'est l'exercice de ce droit qui est organisé : des modalités ou des conditions sont posées à l'exercice de ce droit ; des règles sont fixées pour exercer le droit et empêcher l'abus dans l'exercice de ce droit.

Ce n'est pas le code du travail qui fonde le pouvoir de l'employeur, celui-ci est lié à la propriété des moyens de production. Le code du travail est l'expression d'un rapport de force : le salarié et ses représentants disposent d'un droit à la détermination des conditions d'emploi qui va accompagner l'exercice du droit de direction et au mieux (ou au pire) permettre un contre-pouvoir. Le code du travail est un code de procédures : il définit les conditions ou modalités de forme par opposition aux règles de fond issues de la propriété de l'entreprise.

Bien sûr, selon les époques le rapport de force a varié : l'élection de François Mitterrand, en 1981, a généré des espoirs et des concrétisations qui demeurent. Le *Rapport Auroux*, la même année, voulait ainsi introduire la démocratie dans l'entreprise en permettant l'exercice de libertés. Ce texte ne fut pas appliqué entièrement, mais le droit de la négociation collective lui doit beaucoup : fut ainsi rendue obligatoire en 1982 la négociation annuelle sur les salaires et la durée du travail. Selon l'article L 2242-8 du code du travail, la négociation annuelle obligatoire porte sur « les salaires effectifs, la durée effective et l'organisation du temps de travail ».

Vingt ans plus tard, ce texte servira à organiser la réduction à 35 heures de la durée légale. D'autres dispositions sont issues du *Rapport Auroux*, par exemple le droit d'expression des salariés sur les conditions de travail. Plus précisément, ils « bénéficient d'un droit à l'expression directe et collective sur le contenu, les conditions d'exercice et l'organisation de leur travail » (article L 2281-1 du code du travail). Dans tous les cas, il s'agit de collectif et non d'individuel synonyme de contractuel. Ce qui n'est pas collectif, toutefois c'est la rémunération individualisée : les salaires effectifs de la négociation annuelle ne sont pas les salaires réels mais pour l'entreprise un niveau de salaires minima complémentaire à celui défini par la branche. Ce qui est encore contractuel, c'est la durée du travail parce qu'elle détermine la rémunération : or celle-là est issue soit d'une décision unilatérale de l'employeur soit d'un accord collectif. Seul le temps partiel permet une approche individuelle du temps de travail.

D'autres époques ont fait varier le rapport de force. Ainsi, en 1986, la désignation de Jacques Chirac comme Premier ministre a provoqué un nouvel équilibre : c'est sous le slogan du libéralisme qu'il avait remporté les élections. La traduction au niveau du code du travail a été l'utilisation de la négociation collective pour « moduler la durée du travail ». En clair, c'est l'annualisation du temps de travail qui a réellement commencé à cette époque, au grand désespoir des travailleurs et de la CGT qui en ont retenu la disparition des heures supplémentaires appréciées à la semaine.

Là encore, y avait-il remise en cause de dispositions contractuelles ? Non, trancha la Cour de cassation : l'organisation du temps de travail relève du droit collectif et elle est étrangère au contrat de travail.

Dans le droit fil de cette distinction, la réduction de la durée du travail en ce qu'elle est susceptible d'affecter le salaire est un élément contractuel. La question fut abordée dès 1982 avec la réduction à 39 heures de la durée légale du travail. Tout d'abord, on dit que la réduction de la durée légale ne signifie pas réduction de la durée réelle du travail : c'est uniquement le déclenchement des heures supplémentaires qui s'en trouve abaissé. Illustration en est faite en 1982 par ceux qui, ignorant la réduction, ont bénéficié de l'augmentation des salaires grâce à la majoration à partir de la quarantième heure, alors que ceux qui ont réduit d'une heure leur temps ont en pratique conservé leur salaire. Toutefois, le débat était ailleurs : faut-il maintenir le salaire en cas de réduction de la durée réelle de travail ? Aucune loi, à l'époque, n'a répondu à cette question. Il fallut que ce soit le Président de la République qui y répondît en déclarant : « Personne ne doit craindre pour son salaire en cas de passage à 39 heures » ! Dans le même élan, les grilles de salaires minima négociées au niveau des branches le furent pour 39 heures, avec maintien du niveau atteint pour 40 heures.

La question prit une autre acuité avec la réduction à 35 heures de l'an 2000. Si la réduction d'une heure en 1982 fut presque insensible, ce fut autre chose à partir de 1998 quand fut annoncée une réduction de 4 heures soit plus de 10 % de la durée légale. Certes il y avait déjà eu la loi De Robien, du nom du maire d'Amiens à l'époque, qui avait proposé d'expérimenter une incitation à la réduction du temps de travail : une loi provoquant des discussions au niveau de certaines branches professionnelles, mais ne donnant rien de concret et aucune obligation quoi qu'il en soit.

La question prit une autre tournure avec le projet de Martine Aubry, « la dame des 35 heures » : le débat fut politique, économique et social et a engendré une série de comportements, toujours vivaces dans les mémoires vingt années après. Début 2023, dans ses vœux aux personnels de santé, le Président de la République a encore mis en avant l'inadaptation d'une mesure aussi générale ! La loi Aubry a en effet entraîné de nombreuses questions d'ordre juridique : la réduction s'impose-t-elle ? Non : si une entreprise voulait conserver sa durée effective de travail, elle pouvait le faire : le salaire qui existait pour 39 heures à l'époque demeurait pour les heures effectives, avec seulement une majoration au titre des heures supplémentaires pour 4 heures. De même, une entreprise qui voulait réduire progressivement sa durée du travail pouvait le faire afin d'absorber en plusieurs étapes les conséquences.

Nécessairement, la question du salaire s'est posée : quel salaire pour 35 heures ? La loi Aubry n'avait pas prévu le maintien du salaire et plus globalement n'a pas « légiféré » sur ce point sauf pour instituer une garantie au SMIC. En revanche, elle comportait une disposition trop peu commentée : « Lorsqu'un ou plusieurs salariés refusent une modification de leur contrat de travail en application d'un accord de réduction de la durée du travail, leur licenciement est un licenciement individuel ne reposant pas sur un motif économique » (et il ne relève pas des procédures de licenciement pour motif économique). Si le salaire n'est pas maintenu, le salarié peut refuser une réduction de sa durée du travail. Il en est ainsi de façon cohérente, compte tenu de la nature contractuelle du salaire.

Le débat ne s'arrête toutefois pas là : la modification refusée du contrat de travail qui provoque un licenciement entraîne l'application de la législation sur le licenciement pour motif économique depuis 1986. Ainsi, la réduction à 35 heures refusée par le salarié aurait pu provoquer des licenciements pour motif économique alors que son objectif était le développement de l'emploi ! D'où cette précision presque passée inaperçue : il n'y a pas licenciement pour motif économique mais il y a quand même licenciement avec préavis et indemnité de licenciement ! *A contrario*, le refus d'une réduction unilatérale de la durée du travail résultant d'une décision de l'employeur est un licenciement pour un motif économique. L'explication est simple : le salaire et la durée du travail sont des éléments de nature contractuelle dont la modification requiert un accord express du salarié.

Ainsi, il faut distinguer les modifications du contrat de travail et les changements dans les conditions de travail : les premières génèrent un licenciement pour motif économique alors que les autres entraînent en cas de refus un licenciement pour motif personnel.

Cela suppose toujours de cerner ce qui est contractuel et ce qui ne l'est pas. La durée du travail, la qualification du salarié, la rémunération sont des éléments contractuels. Encore faut-il s'entendre sur le contenu de cette affirmation. La durée du travail, comme on l'a déjà dit, c'est le nombre d'heures (ou de jours quand les conditions collective et individuelle du calcul en jours sont réunies) et non l'organisation du travail, comme la répartition sur la semaine en cinq jours. Par conséquent, travailler un sixième jour dans la semaine ne parait pas une modification du contrat de travail sous réserve toutefois de la Cour de cassation dont les positions évoluent. Mais si la convention collective prévoit deux jours de repos par semaine, ou si le contrat de travail fait état d'un travail sur cinq jours, la réponse sera-t-elle la même ? Non, bien sûr. En revanche, si l'aménagement consiste à organiser le temps de travail sur l'année, ce n'est pas une modification contractuelle mais un changement des conditions de travail. La rémunération est relative au salaire brut mensuel et non au net, sauf clause contractuelle contraire. En effet, le net peut évoluer à la baisse malgré un brut inchangé à cause des taux de cotisations salariales et personne n'imagine refuser une augmentation des cotisations prévue par un texte réglementaire. En revanche, il a fallu attendre une disposition dans la loi Évin de 1989 pour régler l'incidence de la création d'une cotisation salariale si l'employeur choisit unilatéralement un régime de protection sociale. Mais la rémunération concerne aussi le salaire versé habituellement : est-il pour autant de nature contractuelle dans tous ses éléments ? Il l'est pour une rémunération négociée entre les deux parties, mais il en est différemment selon d'autres hypothèses : ainsi, quand le salaire mensuel de base est égal au minimum fixé par des dispositions conventionnelles, de branche ou d'entreprise, l'évolution s'impose sans accord individuel. Ce serait en effet une infraction pénale que de ne pas l'appliquer. Ainsi, quand une prime dite exceptionnelle est attribuée, c'est une décision unilatérale de l'employeur qui va se répéter ou non. C'est toute la différence entre un élément discrétionnaire et un élément contractuel. De plus, la rémunération peut comporter des primes habituelles, de fin d'année, de vacances, y compris des primes versées ordinairement mensuellement. Elles ne sont pas pour autant des éléments permanents de rémunération : elles constituent des usages parce qu'elles sont constantes dans leur attribution, fixes dans leurs modalités de calcul et générales dans l'attribution à une collectivité de salariés, qu'il s'agisse d'une catégorie de personnel ou de l'ensemble des effectifs. Elles ne sont pas pour autant des éléments garantis comme l'est un avantage contractuel : une décision unilatérale peut les modifier y compris les supprimer. Il suffit d'en informer individuellement chaque bénéficiaire avec un préavis suffisant.

Parmi ce qui est contractuel se trouve tout ce qui entoure les fonctions occupées par le salarié. Ainsi la réglementation sur le CDD parle d'un emploi à pourvoir non durablement, mais simplement « du poste de travail » quand il s'agit des mentions devant figurer sur la lettre d'engagement.

Pour le bulletin de paie, il devra mentionner « l'emploi du salarié, sa position dans la classification conventionnelle ».

Traduit au niveau de l'entreprise, ce qui est contractuel est ce qui est mentionné sur l'offre d'emploi à laquelle le salarié a candidaté le cas échéant et de toute façon ce qui est écrit sur la lettre d'embauche ou le contrat de travail qu'on devrait retrouver sur le bulletin de salaire ? C'est un titre, un métier, une appellation d'emploi, peu importe, mais derrière ceci restent l'organisation du travail, le contenu des fonctions, la liste de tâches, le savoir-faire ou les normes à respecter. Autant de manifestations du pouvoir de direction qui ne sont pas de nature contractuelle.

Comment définir l'emploi ?

Quelle différence y a-t-il entre un emploi et un poste de travail, cette dernière expression étant utilisée par la loi sur les CDD ? Un même emploi peut se trouver sur plusieurs postes de travail, le salarié peut occuper plusieurs postes, successivement voire simultanément, il peut changer de poste au sein d'un même atelier, d'un même service, d'une même équipe sans qu'il y ait pour autant modification de ses tâches. Le poste de travail dans ces conditions n'est pas un élément contractuel tant que la qualification du salarié n'en est pas affectée. C'est ce qui explique que différents modèles de contrat de travail prévoient le changement possible de tâches, l'extension possible des tâches sans possibilité de refus, parce que ces missions relèvent de la qualification du salarié.

Alors doit-on conclure qu'emploi égal qualification ? Cela peut être le cas : j'ai une qualification de boucher et j'occupe un emploi de boucher par exemple. L'hésitation est possible concernant d'autres catégories socioprofessionnelles : l'assistant administratif est-il un secrétaire, c'est-à-dire un employé de bureau ? Sans doute, mais si l'appellation évolue, y a-t-il pour autant modification contractuelle passant par la signature d'un avenant ? Sur le plan pratique, une erreur est souvent commise : on signe un avenant au contrat de travail alors qu'aucun élément contractuel n'est affecté. Le changement dans l'appellation d'emploi sur le bulletin de paye passe-t-il par la signature d'un avenant ?

Pour apprécier la réponse, on rappellera que le bulletin de paye n'a pas de valeur contractuelle : il est établi unilatéralement par l'employeur pour appliquer une réglementation ou plutôt des réglementations issues du code du travail, de la sécurité sociale ou de celui général des impôts. Dès lors, l'évolution de son contenu s'impose : quand les mentions requises changent, l'accord de l'employeur comme du salarié n'est pas requis. Il en fut ainsi quand le prélèvement à la source de l'impôt sur le revenu a été institué.

Même en désaccord sur l'intitulé de son emploi, le salarié ne peut refuser le bulletin de paie. Il faudra un accord des parties ou une décision de justice pour le cas échéant rectifier l'appellation de l'emploi occupé ou son classement au regard de la classification conventionnelle. Sur ce dernier point, les syndicats d'employeurs et de salariés liés par une convention collective ne prévoient pas de requérir l'accord du salarié quand la classification évolue. Tout au plus organisent-ils une procédure permettant aux parties au contrat de travail d'échanger et de saisir, si besoin, soit le CSE soit la Commission paritaire de la branche à l'origine de ce changement.

La présentation du bulletin de salaire a pu changer ou a failli changer à de nombreuses reprises, compte tenu des nombreux rapports et autres contributions doctrinales ou syndicales qui lui ont été consacrés durant les quarante dernières années. On n'a pas posé la question en termes d'accord des parties et il a fallu une loi pour permettre au salarié de s'opposer, s'il le veut, à la remise électronique de son bulletin de paie.

Les changements des conditions de travail

Ainsi, il y a des évolutions liées à l'entreprise, et d'autres liées au salarié. Pour les premières, il y a celles qui portent sur le contrat de travail et celles qui concernent les conditions de travail.

Si l'on veut modifier un élément contractuel, une proposition d'avenant doit être présentée au salarié, précisant les raisons et accordant un délai minimum d'un mois pour accepter ou refuser. S'il est accepté, le contrat de travail se poursuit aux conditions modifiées. La loi n'a cependant pas prévu de compensation si la modification pénalise le salarié. En cas de refus, si l'employeur poursuit son projet de réduction de la durée du travail et donc de baisse de la rémunération, une procédure de licenciement pour motif économique doit alors être engagée. Pour essayer d'éviter la rupture de la relation contractuelle, l'employeur doit proposer à titre de reclassement l'emploi modifié… préalablement refusé par le salarié ! Dans cette situation de tentative de reclassement, une compensation est prévue, c'est-à-dire le maintien de l'ancien salaire pour une durée correspondant au préavis dont il aurait bénéficié s'il avait été licencié, puis le versement pendant une période de six mois d'une indemnité dégressive correspondant à un certain pourcentage de la différence entre l'ancien et le nouveau salaire. Si cet aménagement n'est pas accepté, le salarié bénéficie alors de l'aide au reclassement par France Travail accompagné d'allocations de chômage économique, qui sont plus favorables que les prestations en cas de perte d'emploi pour motif non économique.

En effet, en cas de refus de se plier à des conditions de travail modifiées par l'employeur, le salarié est licencié pour un motif qualifié de « personnel » : les prestations de France Travail liées à ce licenciement, moindres que les autres, vont alors s'appliquer. Auparavant, le salarié aura été licencié dans le cadre d'une procédure individuelle, l'employeur considérant que son refus de suivre les nouveaux horaires équivaut à une faute.

Mais cette étrange distinction a été critiquée. Si par exemple le changement porte sur le lieu de travail, il faut se demander dans quelle mesure cela fait partie des conditions de travail qui pourraient évoluer sans l'acceptation écrite du salarié. Un allongement de la distance de plusieurs dizaines de kilomètres, une augmentation de la durée du trajet d'une heure aller et retour, cela fait-il encore partie des conditions qui avaient été jugées acceptables par le salarié au moment de la décision de recrutement ? Le changement, quand il n'est pas jugé fondamental, ne s'accompagne d'aucune contrepartie obligatoire : pas de prise en charge, totale ou même partielle, des frais supplémentaires de trajet ; pas de prise en charge des frais de déménagement si le salarié décide de réduire la distance avec son nouveau lieu de travail. Et encore ne parle-t-on pas ici des conséquences sur l'emploi du conjoint ou de la scolarité des enfants. Pire encore : aucun droit à l'expérimentation de ce nouveau lieu n'est organisé. En cas de reclassement dans le cadre d'une procédure de licenciement pour motif économique, le salarié peut remettre en cause son acceptation du changement contractuel, s'il estime que finalement la modification entraîne des conséquences trop contraignantes. L'exercice de ce droit de retour, dans les conditions organisées par l'entreprise, lui permet de bénéficier des prestations liées au licenciement pour motif économique.

Mais dans l'hypothèse du licenciement par suite du refus d'un changement des conditions de travail, rien n'est organisé : le salarié doit suivre le changement sous peine de licenciement, ce qui dans certains cas peut même s'accompagner de la perte du préavis et de l'indemnité de licenciement. Il en est de même quand l'organisation du travail évolue. Par exemple, si la durée du travail est réduite par suppression des heures supplémentaires qui n'ont pas été prévues contractuellement : le salarié subit alors une diminution de revenu non compensée. Si la durée est réduite, temporairement, en deçà de la durée légale de 35 heures par le recours à l'activité partielle, une compensation à 70 % du salaire est prévue au-delà d'une garantie de rémunération égale au SMIC mensuel.

À durée du travail identique, le rythme des horaires peut évoluer avec une alternance en équipe par exemple : les changements d'horaire ne peuvent être refusés jusqu'à un certain point. Cette limite est précisément difficile à concevoir.

Le changement peut encore porter sur le contenu de l'emploi : le droit de la mobilité professionnelle n'est pas organisé. L'employabilité du salarié peut pourtant être affectée par une série de changements qui ont progressivement réduit le contenu de son emploi.

Ce qui existe : le droit de la formation professionnelle qui permet à l'employeur de satisfaire son obligation d'assurer l'exécution loyale du contrat de travail. Mais entre assurer « l'adaptation des salariés à leur poste de travail » et veiller « au maintien de leur capacité à occuper un emploi, au regard notamment de l'évolution des emplois, des technologies et des organisations », il y a une différence qui va au-delà de la sémantique : dans le premier cas, le salarié doit pouvoir continuer à occuper l'emploi pour lequel il a été recruté. Dans le second cas, on passe d'une obligation de résultat à une obligation de moyens, ce qui implique de savoir si l'emploi du salarié est transformé : la transformation d'emploi, non acceptée par le salarié, situe la rupture du contrat de travail sur le motif économique alors que la formation destinée à adapter le salarié à son poste de travail entraîne le licenciement pour motif personnel en cas d'échec. Il s'agit d'une situation d'insécurité et le législateur a préféré faire supporter à l'entreprise le soin de régler la question.

Il faut ainsi diminuer le nombre de suppressions d'emploi et plus généralement le nombre de licenciements. Réduire aussi le recours au plan de sauvegarde de l'emploi qui fait parler de l'emploi de façon négative et crée de l'insécurité juridique pour insuffisance des reclassements ou irrégularité de procédure.

Alternative au licenciement économique

Faudrait-il encore modifier la loi sur le licenciement pour motif économique ? Un tel changement serait sûrement trop difficile à appliquer si les Confédérations patronales et salariales ne parviennent à se mettre d'accord. Donc le législateur a contourné l'obstacle : « Afin de répondre aux nécessités liées au fonctionnement de l'entreprise », l'employeur peut tenter de négocier un « accord de performance collective » selon l'expression utilisée par l'article L 2254-2 du code du travail pour « aménager » la durée du travail, ses modalités d'organisation et de répartition, « aménager » la rémunération dans le respect des minima hiérarchiques, déterminer les conditions de la mobilité géographique ou professionnelle interne à l'entreprise.

Le choix des mots est important à relever : on parle « d'aménager » la durée du travail et la rémunération. Le législateur ne parle ensuite de modification du contrat de travail que pour permettre au salarié de la refuser si l'application de l'accord conclu avec la représentation syndicale a cette conséquence.

Ce dispositif est cependant innovant par rapport aux constats opérés jusqu'ici : il est ouvert à toute entreprise sans condition d'effectif. Une entreprise sans représentation syndicale mais dotée de représentants du personnel et celle de moins de 20 salariés sans CSE par le biais du référendum peuvent y recourir. De plus, l'existence de difficultés économiques n'est pas requise et pas davantage les mutations technologiques.

Là où le licenciement pour motif économique peut reposer sur la sauvegarde de la compétitivité, il suffit que l'accord collectif requis définisse ses objectifs par rapport au fonctionnement de l'entreprise ou à l'emploi qu'il faut préserver ou développer. Une entreprise saine ou la filiale d'un groupe sans difficultés économiques peuvent recourir à cette solution qui règle la question de la modification du contrat de travail : le salarié peut la refuser et il est alors licencié avec la procédure prévue pour un licenciement pour motif personnel (et non économique).

Jusqu'alors l'accord collectif s'imposait aux salariés et à l'employeur, sauf clause plus favorable issue du contrat de travail.

Avec ce nouveau dispositif, « les stipulations de l'accord se substituent de plein droit aux clauses contraires et incompatibles du contrat de travail ». En cas de refus du salarié, « ce licenciement repose sur un motif spécifique qui constitue une cause réelle et sérieuse ».

C'est un dispositif utile pour résoudre les hésitations liées à la notion de modification portant sur un élément essentiel par exemple sur le lieu de travail. Avec ce dispositif, la rupture de la relation contractuelle est imposée au salarié sans suppression d'emploi. Si suppression d'emploi il doit y avoir, il faut conclure une rupture conventionnelle collective ou à défaut, une procédure de licenciement pour motif économique.

Complexité du droit du travail pour l'employeur

Mais l'employeur peut ne pas le percevoir ainsi. Le code du travail apparaît comme un ensemble de contraintes de nature à décourager les velléités créatives. En voulant concilier des impératifs économiques et des objectifs sociaux, le législateur s'est occupé de tout ou presque. Résultat de la maxime « le fait précède le droit », le gouvernement et par voie de conséquence les députés et sénateurs se sentent obligés de légiférer. Certains thèmes sont d'ailleurs porteurs de bonnes intentions : la lutte contre le travail clandestin est à l'origine de la déclaration préalable à l'embauche. La lutte contre la dissimulation de l'emploi ou de l'activité salariée a généré des sanctions contre l'absence de paiement d'heures de travail. Reste qu'en France, le code du travail peut être perçu comme le petit livre rouge de Mao !

Les critiques sont nombreuses et diverses : rien que pour l'embauche, les textes ont listé les mentions obligatoires du CDD et du contrat à temps partiel et ce n'est pas fini : la loi dite d'adaptation du droit européen a ajouté un niveau au printemps 2023. Le bulletin de paie a connu en juillet 2023 une nouvelle évolution alors qu'en 1995, un rapport sur la simplification du bulletin de paie permettait le regroupement des mentions existantes en cinq lignes et on en est pratiquement à deux pages !

D'autres exemples de complexité méritent d'être cités, comme la formation professionnelle avec un accord national interprofessionnel et une loi tous les cinq ans.

Ou encore la sécurité au travail : on est passé de la revalorisation du travail manuel sous Giscard en 1976 avec un secrétariat d'État confié à Lionel Stoleru à un concept de pénibilité en cours d'évolution en 2023. Il faut ajouter entre les deux le compte de prévention de la pénibilité au contenu tâtonnant et des critères d'appréciation dont le nombre a été réduit avec le temps. Il y a aussi la répression : par principe l'accident du travail ou la maladie professionnelle engage la responsabilité de l'employeur avec des degrés divers dans la faute et par voie de conséquence la réparation. Les dépenses liées à l'accident ou la maladie sont imputées par la Caisse régionale d'assurance maladie sur le compte employeur qui, selon la taille de l'entreprise, permet le calcul d'un taux individualisé de cotisation accident du travail. Ainsi, les dépenses médicales, chirurgicales, pharmaceutiques du salarié sont prises en charge par la Sécurité sociale : on appelle ceci la réparation forfaitaire. Il peut aussi y avoir une procédure en recherche de faute inexcusable voire intentionnelle en vue de l'attribution de dommages-intérêts allant au-delà de la rente pour incapacité permanente partielle.

Les questions premières demeurent quand même : pourquoi l'accident est-il survenu ? Y a-t-il une cause ? S'il y a plusieurs causes, quelle est la cause déterminante ? Comment en éviter le renouvellement ? L'employeur est responsable, c'est le principe. Ainsi, la sécurité illustre encore une fois notre distinction fondamentale : l'employeur est responsable et le salarié est ce mineur qu'il faut protéger, y compris contre lui ! Mais le salarié est-il toujours irresponsable ?

La négociation collective

Elle s'est d'abord exercée au niveau des branches, avec quelques conventions collectives. Mais elle s'est surtout illustrée avec quelques grands accords nationaux interprofessionnels : celui de mars 1947 sur la retraite complémentaire des cadres et celui, sur le même thème, d'octobre 1961 pour les non-cadres. Il y eut aussi celui de 1958 créant l'Unedic. La négociation interprofessionnelle s'est aussi développée sous l'inspiration des gouvernements successifs de la Ve République afin d'apporter des réponses aux revendications qui étaient exprimées. Depuis la reconstruction d'après-guerre, quatre confédérations salariales existaient (la CFDT existe, elle, depuis 1964) et de son côté le mouvement patronal s'est organisé avec le CNPF devenu le MEDEF. La représentativité patronale s'est ensuite élargie à la CGPME (devenue la CPME) et l'U2P (Regroupement des artisans de l'UPA et des professions libérales de l'UNAPL).

Ces huit confédérations (patronales et salariales) ne représentent cependant pas l'ensemble du paysage syndical : seulement le niveau interprofessionnel, c'est-à-dire que les Fédérations professionnelles qui les composent sont représentatives, selon le cas, dans des branches de l'industrie, de la construction, du commerce et des services.

Mais d'autres niveaux sont à signaler. Le niveau multiprofessionnel, c'est-à-dire les mouvements patronaux qui ne représentent que certains secteurs d'activité dans au moins dix conventions collectives relevant soit des activités agricoles (la FNSEA), soit de l'économie sociale et solidaire (l'UDES), soit encore du spectacle vivant et enregistré. Ces confédérations ne sont pas invitées à participer aux grandes réunions intersyndicales organisées par le gouvernement dans le cadre des concertations ou conférences nationales sur les salaires, la retraite ou le temps de travail. Il y a aussi le niveau de la branche professionnelle (voire d'un regroupement de branches) : on y trouve des fédérations salariales déclarées représentatives par arrêté ministériel comme SUD, UNSA, c'est-à-dire des fédérations suffisamment implantées dans la branche mais pas suffisamment au niveau de l'ensemble des branches de l'industrie, du commerce, etc. La négociation collective relève des niveaux interprofessionnels, multiprofessionnels et professionnels, elle peut aussi relever de divers niveaux territoriaux de déclinaison locale de la négociation nationale.

On a ainsi une succession d'étages : l'interprofessionnel (ou multiprofessionnel selon le cas), le professionnel et enfin le niveau de l'entreprise. Comment s'organise la hiérarchie puisque ces niveaux ne sont pas indépendants l'un de l'autre ? Une entreprise adhère à une fédération patronale de branche, laquelle adhère à une Confédération. Il résulte de ces adhésions en cascade une succession de textes applicables : la branche tient compte du résultat des négociations interprofessionnelles ou multiprofessionnelles dans les accords qu'elle conclut qui s'appliquent à l'entreprise.

Cette hiérarchie, de simple est devenue complexe. À partir de 1982, la possibilité de déroger à la loi, certes de façon mesurée, donna du grain à moudre à la négociation collective, surtout au niveau de la branche. L'ordre public conventionnel a imposé une hiérarchie et il a fallu attendre une évolution législative pour permettre à un accord collectif d'adapter puis de déroger à un accord collectif de niveau supérieur. Pour négocier et conclure un accord collectif, encore faut-il un interlocuteur habilité à représenter les salariés.

Le monopole syndical qui a prévalu depuis 1968 n'a pas favorisé le développement de la négociation collective d'entreprise : le syndicalisme n'existe pas dans toutes les entreprises et le chef d'entreprise peut préférer négocier avec sa représentation élue plutôt qu'avec un de ses salariés mandaté par une organisation syndicale et donc non choisi par le personnel. Jusqu'aux ordonnances de septembre 2017, le recours au référendum n'a pas été admis pour négocier des accords sauf exceptions.

La libéralisation du contenu de la négociation collective a connu plusieurs étapes. En 1982 et en 1986, le législateur a autorisé des accords collectifs dérogeant à l'appréciation hebdomadaire de la durée du travail et organisant une appréciation des heures supplémentaires sur plusieurs semaines et plusieurs mois. Cette libéralisation, qui a réussi malgré de fortes oppositions syndicales, est restée limitée au temps de travail. Sur le plan des salaires, aucune dérogation aux minima hiérarchiques n'est bien entendu possible et l'accord d'entreprise a pu prévoir « des modalités particulières d'application des majorations de salaires décidées par les conventions de branche [...] à condition que l'augmentation de la masse salariale totale soit au moins égale à l'augmentation qui résulterait de l'application des majorations accordées par la branche ». Autant le dire ouvertement : conclure un accord donnant moins à une catégorie pour donner plus à une autre catégorie relève de l'exploit.

C'est en 2004 que la hiérarchie des normes a substantiellement évolué, à l'instigation de François Fillon et Jean-François Borloo (loi n° 2004-391 du 4 mai 2004). Le principe de faveur demeure : sauf texte législatif autorisant les partenaires sociaux à négocier des dérogations dans les limites fixées par celui-ci, l'accord collectif ne peut qu'améliorer la loi en faveur des salariés. Mais c'est entre les accords collectifs de différents niveaux que la situation change : les dispositions des accords interprofessionnels ne s'imposent aux accords de niveau inférieur que si leurs signataires l'ont expressément prévu. S'il n'est pas précisé pour un article son caractère impératif, un accord de branche par exemple peut y déroger. Cette faculté de dérogation ne vaut que pour les accords conclus ou révisés après la loi du 4 mai 2004.

Quant à lui, l'accord d'entreprise peut déroger à la convention collective de branche (ou plus généralement à un accord de niveau supérieur) à la condition que celle-ci ne l'interdise pas. C'est ainsi qu'on a vu les conventions collectives comporter une clause selon laquelle elles s'imposent aux accords d'entreprise ou d'établissement.

Ce type de clause n'était pas requis pour les salaires minima, les classifications, la mutualisation du financement de la formation et de son utilisation par les collecteurs paritaires de cotisations et enfin pour certains régimes de prévoyance mutualisant les risques auprès d'organismes assureurs. En dehors de ces quatre thèmes ainsi verrouillés, l'accord d'entreprise a pu déroger à la convention collective, sauf interdiction par cette dernière. Dans ce dernier cas, le principe de faveur continuait d'être applicable au profit des salariés. Situation fréquente dans ce livre : les négociateurs de branche n'ont guère apprécié que des accords d'entreprise puissent déroger, parce que pour les syndicalistes salariés, c'est la remise en cause d'acquis. Pour les syndicalistes employeurs en revanche, la négociation de branche jour un rôle régulateur pour les entreprises concurrentes entre elles. Cette perception est restée d'actualité avec les ordonnances de septembre 2017.

Dans les années suivant la loi du 4 mai 2004, de nombreux textes législatifs ont porté sur des dispositions auxquelles la loi n'a permis de dérogation que dans un sens favorable au personnel. Ainsi la loi dite de modernisation du marché du travail n° 2008 -596 du 25 juin 2008, quand Xavier Bertrand était ministre du Travail a réaffirmé le caractère dérogatoire du CDD, créé des délais de préavis dans le cadre de l'allongement des périodes d'essai, abaissé de trois à un an le seuil d'ancienneté pour bénéficier du complément de salaires en cas de maladie ou d'accident, obligé à statuer dans le délai d'un mois en cas d'inaptitude, abaissé de deux à une année la condition pour bénéficier de l'indemnité légale de licenciement (dont le taux par année a été doublé pour les dix premières années et majoré au-delà), élargi les possibilités de dénonciation du reçu pour solde de tout compte, créé la rupture conventionnelle, prévu l'information du CE sur le recours aux contrats à durée limitée, donné un cadre législatif au portage salarial, permit la création par accord collectif du CDD à objet défini. Alors que la loi de 2004 permettait des évolutions par accords collectifs de branche ou d'entreprise, ces nouveaux droits étaient frappés du label de l'ordre public absolu et ne nécessitaient aucun accord pour entrer en application.

La même approche se renouvela en 2013 avec la loi n° 2013-504 du 14 juin 2013 (Michel Sapin étant alors le ministre en charge de ces questions). Un accord national interprofessionnel conclu le 11 janvier 2013 prépara cette future loi qui généralisa à l'ensemble des salariés la couverture complémentaire des frais de santé, majora la cotisation chômage sur les CDD, créa le compte personnel de formation, tenta d'organiser la mobilité en dehors de l'entreprise avec suspension du contrat de travail initial, modifia le travail à temps partiel, créa la base de données économiques et sociales, permit par l'accord de maintien dans l'emploi de trouver un nouvel équilibre « dans l'arbitrage global temps de travail/salaire/emploi au bénéfice de l'emploi », créa le conseil en évolution professionnelle, permit d'aménager les modalités d'information et de consultation du comité d'entreprise sans toutefois pouvoir déroger aux règles générales applicables à cette procédure. Là encore, l'utilisation de la faculté de dérogation fut limitée mais elle avait été initiée contrairement à la précédente loi.

Est-ce à dire qu'une présidence issue d'un parti de gauche promeut des dérogations à l'ordre public, ce que ne fait pas un Président issu d'un parti de droite ? La question est posée. Il faut encore ajouter sous l'ère Sarkozy la loi n° 2008 -789 du 20 août 2008 dite de « rénovation de la démocratie sociale et réforme du temps de travail » (complétée par la loi n° 2010-1215 du 15 octobre 2010). Elle précisait les dispositions sur les discriminations et l'égalité de traitement, sur la définition de la représentativité syndicale et ses conséquences, l'utilisation des moyens syndicaux, le déroulement de carrière des salariés exerçant des responsabilités syndicales.

Concernant le temps de travail, cette loi adapta quelques articles existants, supprima le repos compensateur au-delà de 42 heures à l'intérieur du contingent d'heures supplémentaires.

C'est le remplacement de la modulation issue de l'an 2000 par la répartition des horaires sur une période supérieure à la semaine et au plus égale à l'année qui fut remarquée : on parla alors d'annualisation aussi bien pour le temps plein que le temps partiel. Cette loi en tira aussi les conséquences pour le compte épargne temps et le calcul des congés payés.

Avant le début de la présidence Macron, plusieurs autres lois ont fait date : d'abord celle du 6 août 2015 (n° 2015-990) « pour la croissance, l'activité et l'égalité des chances économiques ». Elle réforma l'accompagnement des procédures de licenciement pour motif économique, modifia les textes sur le Conseil des prud'hommes, allongea la durée possible d'un accord sur l'emploi et compléta les textes sur l'épargne salariale. Mais c'est principalement sur le travail du dimanche qu'elle fut remarquée et le recours à la négociation collective revint par ce biais.

Toujours avec Mr Rebsamen comme ministre du Travail, la loi du 17 août de la même année (n° 2015-994) sur le dialogue social apporta quelques modifications : possibilité d'une Délégation unique du personnel jusqu'à 300 (et non plus 200) salariés, avec en outre intégration du CHSCT dans cette DUP qui n'est plus ainsi limitée aux DP et CE, regroupement des 17 (!) informations-consultations obligatoires du CE en 3 catégories : orientations stratégiques, situation économique et politique sociale ; élargissement des thèmes couverts par la négociation annuelle obligatoire avec la représentation syndicale ; introduction de la parité femmes/hommes dans les listes syndicales de candidatures aux élections DP/CE, et quelques autres mesures de moindre importance

Enfin on peut relever en 2016 la loi n° 2016-1088 du 8 août qui entreprit de nouveau de moderniser le dialogue social : création d'une base nationale pour le dépôt des accords collectifs de branche et d'entreprise, définition par accord collectif de la méthode permettant une négociation loyale et en confiance, obligation (sans sanction toutefois) d'insérer un préambule dans les accords collectifs ainsi qu'une procédure de suivi de son application, élargissement aux organisations syndicales non-signataires et non adhérentes de la possibilité de réviser un accord au-delà du cycle électoral au cours duquel il a été conclu, définition de la notion d'avantage individuel acquis en cas de dénonciation d'un accord non suivie de la conclusion d'un accord dit de substitution, possibilité de négocier et conclure un accord dit de substitution avant la réalisation du transfert en cas d'opération juridique mettant en cause un accord collectif, possibilité de réaliser au niveau du groupe les négociations obligatoires prévues au niveau de l'entreprise, et définition du rôle de la branche.

Critiques des nouvelles contraintes

Au cours des 15 dernières années, de nombreux textes ont ainsi complété progressivement ce qui existait avant 2000, et ont soulevé divers contentieux : sur le recours aux expertises et globalement sur l'assimilation du droit social à un droit de procédures aboutissant soit à ralentir ou reporter des décisions, soit à les annuler. Par ailleurs, les tentatives de regrouper ou fusionner les instances représentatives du personnel ont fait la preuve de leur limite. Bien entendu, ont existé aussi des critiques tournées vers un syndicalisme représentant de moins en moins de salariés ou au mieux une minorité inférieure à 10 % des salariés dans le secteur privé. De manière générale, un droit social dont l'objectif de protection des salariés a été de plus en plus critiqué et qui a laissé les salariés dubitatifs sur son efficacité. Ajoutons à tout cela des juridictions de plus en plus encombrées et des Inspections du travail de plus en plus déboussolées par le tournant pris par la loi sur des préoccupations en direction de l'emploi au détriment d'autres considérations (lutte contre le travail dissimulé, discriminations, etc.)

Divers courants de pensées se sont ainsi développés : certains voulaient supprimer le code du travail ! D'autres voulaient diminuer son poids (pratiquement 4 000 pages !) Bien entendu, l'exemple de pays européens proches de la France fut mis en avant. Le niveau de l'élaboration de la norme fut aussi considéré : une norme étatique ? Une réglementation par branches d'activité ? Fallait-il aller jusqu'à permettre à chaque entreprise d'avoir « son code du travail » comme certains le redoutèrent pendant la campagne présidentielle de 2017 ?

Pour certains, il faut préserver les acquis, pour d'autres, il faut alléger les contraintes : comment traduire ceci en termes juridiques ? La réponse a été trouvée dans le compromis entre les niveaux et les sources, en passant d'un droit réglementaire à un droit conventionnel. Il y a désormais d'une part des dispositions d'ordre public auxquelles on ne peut déroger, ou le cas échéant seulement de façon favorable au personnel, et d'autre part il y a « le grain à moudre ». En réalité, depuis 1982, la négociation collective avait permis de prendre en compte quelques aspirations, en particulier sur le temps de travail. La question posée a été celle de la définition du socle qui devait prévaloir.

C'est ainsi que fut développée l'idée d'un « renversement de la hiérarchie des normes » : permettre aux entreprises de concevoir ce qui leur paraissait adapté à leur situation. Le législateur de mai 2004 avait ouvert la voie : on distingue entre les thèmes verrouillés et ce que la branche n'interdit pas. La liberté est limitée : les entreprises peuvent négocier et ainsi déroger sur des sujets non sanctuarisés par les négociateurs plus gradés dans la hiérarchie. En d'autres termes, la branche a un pouvoir de décision totale : les sujets d'ordre public et le reste qu'elle peut bloquer. Le législateur de septembre 2017, avec les fameuses ordonnances Macron, a déclaré vouloir inverser le pouvoir : les thèmes verrouillables par la branche sont désormais limités en nombre, et le reste est ouvert à la négociation collective d'entreprise.

Ceux qui criaient au détricotage du code du travail ont jugé ce renversement comme l'expression d'un pouvoir patronal qui allait pouvoir faire tout accepter par le personnel. Et ceci d'autant plus que le pouvoir des syndicats de salariés devait continuer de supporter que le CSE, institution élue par le personnel, puisse négocier et conclure des accords. Mieux ou pire encore : les entreprises de moins de 20 salariés sans CSE obtenaient le droit de conclure de véritables accords collectifs par référendum.

Les effets des ordonnances Macron

Quelques années après la mise en service de ces ordonnances, que constate-t-on ? A-t-on assisté à ce tsunami qui devait emporter sur son passage « un siècle de conquêtes sociales » ? Le bilan est mitigé. Passons en revue quelques positions.

Tout d'abord, les négociateurs de branches y ont vu un affaiblissement de leurs prérogatives : pourquoi négocier si les entreprises peuvent modifier en moins bien ce qui a été conclu ? En outre, comment assurer les missions d'intérêt général attribuées à la Commission paritaire permanente de négociation et d'interprétation (CPPNI), si celle-ci ne se réunit pas plus souvent que les trois séances requises par la loi ? La branche a aussi pour mission de réguler la concurrence entre les entreprises relevant de son champ d'application : comment exercer ce pouvoir à l'égard des entreprises qui concluent leurs accords ? Comment l'exercer avec efficacité si le ministère du Travail continue de mettre un an voire plus pour rendre les accords opposables aux entreprises non adhérentes à un syndicat patronal signataire ?

Afin de préserver une égalité entre les entreprises syndiquées et celles qui ne le sont pas, les négociateurs en arrivent à reporter à la parution de l'arrêté d'extension l'entrée en application des accords ! Il n'était pas rare, jusqu'en 2023, que des accords de salaires minima ne deviennent applicables que cinq ou six mois après leur signature. La liberté donnée aux entreprises de conclure des accords sur le temps de travail n'est pas encadrée, regrettent certains : certes, ils doivent être communiqués au secrétariat de la branche qui remet tous les ans aux organisations syndicales un rapport pour formuler « des recommandations destinées à répondre aux difficultés identifiées ». Mais à supposer que la CPPNI identifie une difficulté, que peut-elle faire ? Écrire à l'entreprise concernée qui n'a aucune obligation de tenir compte de cette mise en garde ? Pour identifier une difficulté, encore faut-il que les partenaires de la branche se mettent d'accord sur le constat ! Comment assurer cette mission quand on n'a pas participé à la négociation et qu'on ne connaît pas le passé et le contexte de l'entreprise ?

Le législateur de septembre 2017 peut se targuer d'avoir permis la négociation d'entreprise sur tous les sujets intéressant les directions d'entreprises, mais aussi la collectivité des travailleurs. Pour ces sujets, les stipulations des accords d'entreprise prévalent sur les dispositions des accords de branche ayant le même objet, quelle que soit leur date de conclusion, y compris si l'avantage concerné a été négocié par l'entreprise antérieurement à l'accord de branche. Cette primauté de l'accord d'entreprise, fortement mise en avant par le candidat Macron lors de la campagne de 2017, parachève à sa façon l'évolution née quinze ou vingt ans auparavant. Une certaine façon de faire du neuf avec du vieux : qui a dit que le code du travail évoluait en permanence ?

Mais en pratique, au-delà du slogan, quelles sont les applications de cette liberté ? Dans la gestion de son personnel, le chef d'entreprise a de multiples tâches, qu'il n'a pas toujours les moyens de traiter.

La branche : des mots, toujours des mots ?

Les domaines dans lesquels la négociation collective d'entreprise peut se démarquer de la convention collective de branche sont tout compte fait réduits. Malgré le discours sur l'intérêt de la négociation d'entreprise, le législateur non seulement n'a pas supprimé de négociation périodique, mais il a en plus continué ces dernières années de charger la branche de thèmes à traiter.

Parmi les négociations périodiques qui représentent un enjeu véritable, on trouve les salaires minima : malgré la possibilité de porter par accord la périodicité de cette négociation à quatre ans, les salaires reviennent tous les ans voire plusieurs fois par an à l'ordre du jour. Dans cette même catégorie, l'examen des moyens de la formation professionnelle est une constante et pourtant le législateur n'en a fait qu'une obligation triennale.

Parmi les autres sujets, est-ce que « l'objectif d'égalité professionnelle entre les femmes et les hommes ainsi que les mesures permettant de l'atteindre » doit continuer à être abordé chaque année ? Cela fait plus de cinquante ans que l'égalité entre les sexes est traitée grâce aux lois successives et que peut bien faire la branche sur ce sujet ou plutôt que n'a-t-elle déjà pas encore résolu ? Là où elle comprenait un avantage réservé aux salariées, son extension aux hommes a été assurée ou l'avantage a été supprimé ou revu, au besoin dans le cadre d'un contentieux.

La négociation sur les salaires est par exemple l'occasion pour la Commission paritaire d'examiner tous les ans « l'évolution des salaires effectifs moyens par catégories professionnelles et par sexe » : cette veille n'est-elle pas suffisante ? Quand il est saisi d'une demande d'extension d'un accord de salaires, le ministère du Travail souhaite s'assurer que l'objectif d'égalité professionnelle a été pris en compte : les partenaires sociaux se contentent de l'affirmer dans l'accord qu'ils concluent, même si la branche ne dispose d'aucun accord sur l'égalité professionnelle. Cette contradiction manifeste montre l'embarras des organisations syndicales – patronales comme salariales – devant la nécessité de mettre en place des mesures concrètes au-delà du rappel des principes généraux de non-discrimination.

C'est au niveau de l'entreprise que la question doit se poursuivre et cela fait partie de la négociation annuelle quand une représentation syndicale existe : quelles sont les considérations objectives et vérifiables qui permettent de justifier des écarts ? C'est cet examen qui seul peut encore faire avancer le débat. En effet, de quels documents, outils, éléments d'appréciation dispose l'entreprise pour expliquer des différences de salaires par exemple ? Pour des personnes occupant les mêmes fonctions et ne disposant pas du même salaire brut, en dehors de l'expérience liée ou non à l'ancienneté, et si l'entreprise ne pratique pas d'entretien d'évaluation par rapport à des objectifs ou des pratiques, quelle explication peut donc être donnée auprès des salariés, voire auprès d'un tribunal en cas d'action contentieuse ? La loi et les conventions collectives ne prévoient rien pour vérifier l'application du principe en amont.

En vérité, nombreux sont les sujets pour lesquels la négociation de branche connaît des limites : par exemple, la gestion prévisionnelle des emplois et des compétences. Tout d'abord sait-on de quoi l'on parle ? La branche n'a pas la personnalité morale pour agir, c'est-à-dire qu'elle n'existe pas en dehors des organisations patronales et salariales qui la composent et qui seules ont une existence juridique et un pouvoir de décision. C'est la Commission paritaire permanente de négociation et d'interprétation (CPPNI) qui la matérialise et « représente la branche, notamment dans l'appui aux entreprises et vis-à-vis des pouvoirs publics » (article L 2232-9 du code du travail).

En matière d'appui aux entreprises, si la branche, ne gérant pas l'emploi, peut en effet « accompagner » les entreprises dans l'emploi, de quelle façon « prévisionnelle » agirait-elle ? Il ne s'agit pas ici de traiter en aval un sureffectif, mais d'anticiper en amont des évolutions de l'emploi et des compétences. Dans les faits, plutôt « des emplois », ce qui renvoie à un aspect plus qualitatif que quantitatif et « des compétences », c'est-à-dire des conditions requises, en particulier de formation, pour les occuper. On est au niveau de l'étude : via sa CPNE (Commission paritaire nationale de l'emploi) et son Observatoire prospectif des métiers et des qualifications, la branche doit négocier sur la gestion prévisionnelle.

Qui dit négociation dit tentative de rapprochement de positions pour parvenir à un accord : négocier sur des moyens, négocier sur un résultat. Mais qui finance ces travaux ? Le fonds national paritaire, institué par la loi n° 2014-288 du 5 mars 2014 qui a introduit une obligation de cotisation à la charge de toutes les entreprises, contribue à financer la « conception, la gestion, l'animation et l'évaluation des politiques menées paritairement ».

Les OPCA (Organismes paritaires de cotisations agréés), devenus des OPCO (Opérateurs de compétences) chargés de la collecte et de la gestion des contributions formation professionnelle, ont notamment pour mission « d'apporter un appui technique aux branches adhérentes pour établir la gestion prévisionnelle de l'emploi et des compétences ». Les opérateurs de compétences peuvent conclure avec l'État des conventions pour définir la part de leurs ressources qu'ils peuvent affecter au financement d'actions en faveur du développement des compétences des salariés, mais aussi des demandeurs d'emploi et avec les régions des conventions d'objectifs et de moyens (pour le développement de l'apprentissage) puisque cette négociation de branche qui est au moins triennale peut se décliner à l'échelle du territoire.

Mais quelle sera la production ? Nécessairement des études, des contributions qui vont alimenter les travaux paritaires. Mais en vue de quoi ?

Pour déterminer les niveaux de prise en charge des contrats d'apprentissage et des contrats de professionnalisation consommateurs de fonds issus de la formation professionnelle mais aussi permettre aux branches d'exercer leur mission de certification, puisque ces dernières ont aussi pour mission de créer des CQP (Certificats de qualification professionnelle) sanctionnant par leur obtention les connaissances et compétences nécessaires à l'exercice d'activités professionnelles.

Les travaux sur la GPEC (Gestion prévisionnelle des emplois et des compétences) alimentent les délibérations de la CPPNI sur l'utilisation des moyens de la formation et sur les classifications, deux thèmes périodiques de négociation paritaire, triennale pour la formation et quinquennale pour les classifications.

Au-delà de l'énergie nécessaire pour mener à bien ces travaux, quel résultat au profit des entreprises puisque la branche a notamment pour mission de leur apporter un appui ? Faire en sorte de sélectionner des actions de formation adaptées aux évolutions constatées ? Actualiser et compléter les classifications selon l'examen des contributions disponibles ? Certes, on mettra à la disposition des entreprises les notes, études, rapports, etc., concernant ces questions. C'est une étape mais est-ce suffisant ?

Le législateur demande de veiller à l'objectif de mixité des métiers. On s'est interrogé plus haut sur la pertinence du traitement par la branche de cet objectif : est-ce à dire qu'il faudrait prévoir des mesures en faveur du sexe sous représenté ? Mais est-il sous représenté actuellement ou possiblement sous représenté à l'avenir ? N'est-ce pas introduire ou réintroduire une discrimination ? Les différences de traitement fondées sur l'âge, sur la santé, sur le handicap, sur le secteur géographique, sur la vulnérabilité économique ne sont pas des discriminations dès lors qu'elles sont objectives, nécessaires et appropriées aux constats : qu'en est-il pour le sexe ?

Est-ce que veiller c'est constater les chiffres fournis par les organisations patronales lors de la négociation triennale sur l'égalité professionnelle qui portent sur l'accès à l'emploi, à la formation et à la promotion professionnelle ainsi que sur les conditions de travail et d'emploi ? Quelles actions la CPPNI peut-elle entreprendre pour veiller à la mixité ? Suffit-il de se faire connaître dans les salons étudiants, les écoles, les universités ?

La gestion prévisionnelle des emplois et des compétences doit aussi s'intéresser, selon la loi, « aux mutations professionnelles liées aux filières et aux métiers de la transition écologique et énergétique ». Comme s'il n'y avait que celles-ci ! Voici l'illustration de la façon dont les politiques « chargent » la branche !

En prolongeant toujours ces questions, quel est le contenu finalement d'un accord de branche sur cette gestion prévisionnelle ? On y retrouve le rappel de quelques considérations législatives : l'évolution de l'emploi, les qualifications, les actions de formation qui peuvent être envisagées par l'employeur dans le cadre du plan de développement des compétences. Si l'accord de branche n'existe pas ou ne les évoque pas, ces informations sont quoi qu'il en soit requises auprès des CSE des entreprises d'au moins 50 salariés. Suffirait-il d'en élargir la communication en deçà de cet effectif ? Cela supposerait de faire évoluer les attributions du CSE des entreprises de 11 à 50 salariés : passer d'une posture de réclamations à une pratique de concertation.

C'est bien entendu possible, mais ce n'est pas ce qu'on a rencontré jusqu'ici. *A fortiori* dans les entreprises sans représentants du personnel : l'employeur a-t-il l'obligation de gérer préventivement l'emploi et les compétences ? Dans le cadre d'une exécution loyale du contrat de travail, il doit assurer l'adaptation des salariés à l'évolution de leur emploi et veiller à leur employabilité. Au-delà des mots, que peut prévoir la branche ? Elle peut s'inspirer de ce qui est prévu pour les entreprises d'au moins 300 salariés dotés d'une représentation syndicale : mettre en place un dispositif de gestion prévisionnelle des emplois et des compétences avec des mesures de formation (compte personnel de formation, validation des acquis de l'expérience, bilan de compétences, conseil en évolution professionnelle) et des mesures de mobilité, notamment professionnelle.

Depuis la loi n° 2014 -288 du 5 mars 2014, il existe un entretien professionnel tous les deux ans à consacrer aux perspectives d'évolution professionnelle de chaque salarié. Mais en la matière, que fait la branche ? Que peut-elle faire ? Bien entendu, rappeler des dispositions législatives existantes, mais le coût est élevé pour un résultat aussi maigre. S'il s'agit de traiter du CPF (Compte personnel de formation), de la VAE (Validation des acquis de l'expérience), du BC (Bilan de compétences), du CEP (Conseil en évolution professionnelle), les opérateurs de ces différents outils n'ont pas attendu les résultats de la négociation de branche. Les OPCO ont été amenés à prendre des dispositions afin de répondre aux demandes des salariés et des entreprises sans attendre le résultat d'éventuelles discussions paritaires.

Il y a là un vrai sujet de réflexion : quelle efficacité de la branche dans certains domaines ? Faut-il continuer à imposer de traiter des questions sans résultat ? Notons qu'il n'y a pas de sanction pour la branche si la gestion prévisionnelle des emplois et des compétences n'est pas traitée à ce niveau. Une obligation sans sanction : qu'est-ce qui peut motiver alors les organisations patronales et salariales ? Faire en sorte de faciliter la tâche des entreprises ? Certes, mais comment ? Les outils de formation existent sans le secours de la branche : il suffit de s'en servir. Définir une procédure, des *process*, des étapes, oui, mais pendant ce temps le contrat de travail se poursuit : qu'en fait-on ? Les recours au CPF, à la VAE, au CEP s'effectuent en dehors du temps de travail si l'employeur et le salarié n'effectuent pas une démarche commune ; s'ils l'entreprennent cependant ensemble, le temps dévoué à ces outils demeure très réduit : rapidement, il faut statuer sur le devenir du contrat de travail. Aucun dispositif n'est prévu pour « indemniser » le salarié en dehors de ces outils et faire en sorte que l'employeur puisse attendre le résultat des initiatives prises avant de régler le sort du contrat de travail.

Malgré la diversité des outils et des niveaux de traitement (branche, opérateurs de formation, organismes collecteurs), l'employeur et les partenaires sociaux doivent supporter le poids de l'enjeu : comment accompagner le salarié pour attendre ou éviter la rupture du contrat de travail ? Il existe des accords de mobilité, des accords de performance collective : ils demeurent pourtant minoritaires dans le traitement de la gestion prévisionnelle. Le licenciement pour motif économique, la rupture conventionnelle, le licenciement pour refus de changement de poste, voire la démission, sont davantage utilisés !

Faut-il pour autant reconnaître l'incapacité de la branche à traiter ces questions ? On retrouve au fond le débat sur la force ou plutôt sur la faiblesse du contrat de travail face à des évolutions de l'entreprise : quelle limite au pouvoir de direction ?

De nombreux autres domaines posent la question de la capacité de la branche à les traiter : par exemple, la mise à la disposition des entreprises d'outils « pour prévenir et agir contre le harcèlement sexuel et les agissements sexistes ». La loi a créé des outils (le référent représentant la direction et celui désigné par le CSE) et des procédures (enquête contradictoire, sanctions disciplinaires, etc.) : que peut encore ajouter la branche ? Diffuser des messages ? Mais par qui ?

Le secrétariat de la branche sur instruction de la CPPNI ? Auprès de qui ? Auprès des entreprises adhérentes à un syndicat patronal membre de la CPPNI ? Et pour les entreprises non adhérentes ? Pourquoi des syndicats déclarés représentatifs par arrêté ministériel ne pourraient-ils s'adresser à des entreprises non adhérentes sans attendre un arrêté ministériel d'extension ?

Il y a des thèmes engageant la collectivité qui ne requièrent pas l'extension des accords par le ministre du travail, comme la formation professionnelle par exemple. Pourquoi la branche chargée de veiller aux conditions de travail ne pourrait-elle imposer des normes à la collectivité des entreprises ?

Dans le même ordre d'idées, la branche doit traiter tous les trois ans les effets de l'exposition aux facteurs de risques professionnels (manutentions de charges, postures pénibles, vibrations mécaniques, poussières, fumées, bruit, températures extrêmes, etc.) Certes, tous les secteurs d'activité ne sont pas concernés et ceux qui le sont peuvent avoir besoin de différencier les catégories de personnels selon les besoins. Le législateur avait incité les branches à définir des référentiels à faire homologuer par le ministère du Travail pour mutualiser l'examen de certains risques et la définition des mesures à adopter. On constate hélas très peu de concrétisations, alors que les conditions de travail font partie des négociations triennales.

De même, pour la négociation triennale relative à l'insertion et au maintien dans l'emploi des travailleurs en situation de handicap, peu de branches ont adopté des accords et parmi ceux existant, quelle norme impérative a pu être conclue ? Les organisations représentatives pour cette négociation non assortie d'une sanction peuvent auditionner les structures, gérées paritairement ou non, dont l'une des missions est le placement des salariés concernés et l'aide à l'aménagement de leurs conditions de travail : il en résulte une information disponible pour les entreprises de la branche, des possibilités de contacts, mais c'est plus de la concertation que de la négociation.

Quant à l'épargne salariale (intéressement, participation, plan d'épargne) et l'épargne retraite, thème de négociation quinquennale, le sujet n'est pas davantage concrétisé : les entreprises de moins de 50 salariés, en 2023, n'ont aucune obligation. Celles de plus de 50 salariés ne peuvent attendre le résultat d'une éventuelle négociation de branche pour remplir leur obligation en matière de participation aux résultats et de plan d'épargne pour y loger la gestion de cette dernière. Les Conseils de l'employeur, les établissements bancaires et financiers font en sorte de mettre en service des outils qui, le cas échéant vont au-delà des obligations légales, ne serait-ce qu'en ajoutant aux dispositifs obligatoires un accord d'intéressement.

Il n'est pas étonnant que peu de branches aient conclu des dispositifs en la matière : quand ils existent (par exemple plan d'épargne interentreprises avec sélection d'un établissement chargé de la collecte et de la gestion des fonds), leur application est nécessairement optionnelle.

On le constate donc : vu du côté de l'entreprise, le droit du travail, malgré de louables efforts ces dernières années, demeure complexe, parfois inextricable, et surtout partiellement inapplicable et donc inappliqué. Alors, le droit du travail est-il loin de la « vraie vie » ?

3.

UN DROIT ADAPTÉ À LA VRAIE VIE ?

Le salarié a vu se développer depuis des décennies des textes, des annonces, des changements politiques : mais parmi tout cela, qu'est-ce qui a réellement modifié sa vie de salarié ? Et surtout, y a-t-il gagné ? La même question se pose pour l'employeur.

L'organisation du travail

Commençons par la durée du temps de travail : depuis des décennies, elle a été diminuée, provoquant un gel de salaire pour le salarié puis une stagnation en lien avec le coût de la vie au fur et à mesure de la diminution de l'inflation.

Depuis 2022, le coût de la vie augmente de façon plus substantielle : selon la perception du salarié, il y a une réelle perte de pouvoir d'achat, les salaires ne suivant pas nécessairement la même évolution.

Certes, le SMIC a évolué en lien avec le coût de la vie, mais les salaires supérieurs au SMIC ont moins évolué : le nombre de smicards a augmenté et l'échelle des rémunérations s'est rétrécie, l'écart entre le SMIC et le salaire moyen a diminué.

L'aménagement du temps de travail a lui aussi évolué : des durées variant selon les semaines avec des horaires mécaniquement modifiés, une mise en cause des pauses en lien avec la réduction du nombre d'heures travaillées, un éloignement du lieu de travail par rapport au domicile entraînant une augmentation des temps et des frais de déplacement.

Le contenu du travail a lui aussi changé : moins de tâches manuelles, moins d'ouvriers, plus de cadres que d'ouvriers d'après le recensement 2022 dans la population salariée, utilisation des outils de connexion électroniques : on ne parle plus de revaloriser le travail manuel, mais de compenser les effets de la pénibilité au travail.

Aujourd'hui, le temps de travail peut désormais être calculé en jours et non plus en heures : on peut ainsi le calculer sur plusieurs semaines, voire à l'année, avec des compteurs débit-crédit pouvant aboutir à devoir rembourser des salaires pour insuffisance d'heures travaillées. Le télétravail, lui, peut provoquer une augmentation de l'amplitude de la journée malgré l'absence de temps de déplacement.

Mais pendant qu'advenaient toutes ces modifications de la réalité, de quoi a-t-on parlé ? Des JRTT qui ont conduit à individualiser les horaires de travail ? De libérer du temps pour faire autre chose, mais avec quel financement ? De rationaliser le temps productif, d'augmenter les possibilités de ne pas être sur le lieu de travail ?

Plus globalement, comment a-t-on traité l'exécution du travail ? L'Inspection du travail est moins présente, les visites médicales se sont espacées, le CHSCT qui existait à partir de 50 salariés a disparu, la Commission santé sécurité conditions de travail censée la remplacer n'existe de façon obligatoire qu'à partir de 300 salariés. Le nombre de représentants du personnel a de son côté globalement diminué avec la disparition des délégués du personnel et le remplacement facultatif par des représentants de proximité. Le droit d'expression directe et collective sur les conditions de travail est passé aux oubliettes. Et qui connaît le Service prévention de la CARSAT qui a succédé à la Caisse régionale d'assurance maladie ? Le Compte personnel de prévention a du mal à trouver sa place dans la caisse à outils mis à la disposition du salarié.

Et pourtant on ne cesse de parler qualité de vie au travail, prévention et réparation du harcèlement, surveillance des risques psychosociaux, lutte contre les agissements sexistes, burn-out, « bore out », droit à la déconnexion, charge de travail raisonnable.

Quel impact réel tout cela a-t-il sur le vécu quotidien du salarié au travail ? Est-on sur le fond ou la forme ? Sur le contenu ou l'environnement ? Sur le travail lui-même ou ce qui l'entoure ?

La Qualité de vie au travail (QVT)

Sur les conditions de travail, essayons d'être concret : quand le salarié est-il amené à traiter de la qualité de vie au travail (la QVT) ? S'il appartient à une délégation syndicale, il doit l'aborder tous les ans sauf accord collectif d'entreprise prévoyant une périodicité plus espacée. Le champ des questions à aborder n'est pas précisément défini par la loi : plus précisément, la QVT est englobée dans la négociation sur l'égalité professionnelle et c'est un fourre-tout. On traite des écarts de rémunération, de l'accès à l'emploi, de formation professionnelle ou encore du déroulement de carrière. On doit aussi parler du droit d'expression directe et collective et de la déconnexion. On doit encore parler de la mobilité entre le domicile et le lieu de travail.

Mais sur tous ces sujets, quel est le bilan ? Pour certains thèmes, cela fait plus de 50 ans qu'ils sont posés dans le débat public. La déconnexion et surtout le coût de la vie sont, eux, plus récents : mais quelle traduction dans les entreprises ? Un salarié titulaire au sein du CSE fait partie de ceux qui sont consultés sur la politique sociale qui englobe de nombreux sujets comme l'emploi, les qualifications, la formation et l'apprentissage, la mise en œuvre des entretiens professionnels. Mais quelle perception peut avoir de tout cela un salarié non investi d'un mandat syndical ou électif ?

Le législateur n'oblige pas l'employeur à communiquer sur le contenu des réunions avec la représentation syndicale sauf en cas de signature d'un accord dont à tout le moins l'existence doit être portée à la connaissance du personnel, et c'est toujours aux salariés d'aller consulter l'accord. On appréciera l'arrivée de l'intranet : l'employeur doit y mettre un exemplaire actualisé des textes conventionnels applicables dans l'entreprise. Si le salarié n'a pas la curiosité de lire l'accord, aucune communication n'est prévue à la charge des signataires !

Quand on examine le contenu précis de la QVT, qu'y trouve-t-on de concret pour un salarié en poste ? La rémunération ? Ce qui l'intéresse, c'est la justification des écarts qui peuvent exister « à travail égal ». Mais comment peut-il connaître ces écarts puisqu'il n'a pas accès aux salaires individuels ? Comment sont fixés le salaire de base au-delà du salaire minimum et les primes collectives par la convention collective ou les accords d'entreprise et autres documents internes ? À propos du salaire réel de chaque salarié, comment est-il déterminé ? Selon le prix du marché ? Dans le cadre d'un pourcentage de la masse salariale par rapport au chiffre d'affaires ? Par rapport à une grille interne de classement des emplois définissant une hiérarchie des rémunérations ? Selon des critères personnalisés comme l'expérience, la formation, la qualité du travail ou la spécificité du poste ?

Force est de reconnaître que les accords collectifs ne traitent pas tous ces aspects. Alors, comment le salarié peut-il « comprendre la pertinence de son salaire » ? Pour reprendre une expression jurisprudentielle, quelles sont les considérations objectives et pertinentes qui l'expliquent ? Par rapport à quoi ou plutôt par rapport à qui ? Quel est le champ de la comparaison ? Faut-il se limiter à une identité d'emplois ? Jusqu'où doit-on aller dans l'équivalence d'emplois à comparer ?

Sauf initiative interne à l'entreprise, la réponse à toutes ces questions, c'est le vide ! Dans une entreprise d'au moins 50 salariés dotée d'une représentation syndicale ou d'un CSE, ces questions peuvent être abordées : mais sont-elles réellement traitées ? Rien n'est moins certain.

Employeur et représentants du personnel peuvent privilégier les pourcentages d'évolution des salaires qui sont collectifs, par rapport à des considérations qui peuvent devenir individuelles : il n'en reste pas moins que la définition des critères repose sur du collectif. C'est donc un entretien salarié-employeur qui peut permettre la transparence : or celui-ci n'est pas prévu par la réglementation. Ça tombe mal. Bien entendu, le salarié peut demander oralement et par écrit à son employeur des précisions mais aucune procédure n'est organisée.

Il existe bien le CSE qui peut porter des réclamations, mais d'une part le CSE n'existe pas partout et d'autre part les élus ne peuvent se substituer au salarié dans l'examen de la situation individuelle. À défaut de procédure de médiation, le salarié est contraint de saisir le juge en lui présentant des éléments laissant supposer l'existence d'une discrimination.

Mais de quels éléments, de fait, peut-il disposer à ce stade ? Rien n'est prévu : il faut donc attendre que l'employeur mette en avant des éléments tendant à écarter une discrimination. Au niveau du salarié, le chemin à parcourir sur ce terrain est long : seul le juge peut ordonner la communication d'éléments. De plus, alors que les entreprises recourent très généralement à la pratique de l'entretien annuel, il ne fait pas partie du code du travail. Il existe certes un entretien professionnel, mais il est requis tous les deux ans et ne porte pas selon le législateur sur la rémunération. Ainsi il peut en être de l'employeur comme du salarié : confronté à une absence de document pour alimenter l'échange sur le salaire individuel.

Dans certains cas, c'est le chiffre d'affaires ou la marge qui va déterminer le variable individuel. Pour les variables collectifs, comme la participation aux résultats ou l'intéressement, l'accord prévoit une publicité du calcul de la masse à distribuer. Mais pour d'autres variables collectifs, quelle est la communication ?

Quand on prend connaissance de témoignages d'entreprise à propos de la QVT, qu'est-il mis en avant ? Quelle place y a l'individu alors que tout est décidé au-dessus de lui ? Au mieux, il adhère à une organisation ; au pire, il s'y soumet, plus qu'il ne contracte avec elle. Sauf obtention de résultats commerciaux importants, ou exercice d'un mandat électif ou syndical, comment peut-elle valoriser l'individu ? Ce qui est aussi mis en avant, c'est le management, la culture d'entreprise, la communication, l'éthique : autant de notions que le code du travail ignore.

Et l'attente des salariés, quelle est-elle ? Est-ce simplement la rémunération de l'investissement opéré ? En dehors de la fixation du salaire variable lié à l'atteinte de résultats connus des salariés du service commercial, qu'est-ce qui permet d'individualiser la rémunération ? Qu'est ce qui permet de connaître le mode de fixation du salaire individuel ? La négociation sur les salaires à engager annuellement avec la représentation syndicale apporte-t-elle une réponse ? On peut répondre par la négative, car elle porte sur des éléments collectifs de rémunération et non sur des objectifs individuels.

Dans les témoignages, on relève d'autres attentes comme celle de suivre une formation, mais quel est le pourcentage de salariés à se former chaque année ? En dehors des actions de formation imposées par l'employeur, quelle autre action le salarié peut-il suivre à son initiative ? Qui la paie ? A-t-elle lieu en dehors du temps de travail, par exemple en prenant sur ses congés annuels ?

Sur le terrain de l'aménagement individuel du temps de travail, il existe des événements permettant une révision de la durée du travail comme le congé parental ou sabbatique, mais à durée constante, le rythme peut-il évoluer ? Depuis la fin du confinement on parle des bienfaits de la semaine de quatre jours : on ne sait pas qu'elle est permise depuis 1979 !

Parmi les critères d'appréciation de la QVT, se trouvent aussi l'autonomie du salarié et son pouvoir de décision : cela figure-t-il pour autant dans la définition de ses fonctions, ou dans une éventuelle clause de délégation de pouvoirs ? Ces documents ne sont pas traités par le code du travail.

En ce qui concerne les autres éléments d'appréciation, comme les résultats de l'entreprise, son budget prévisionnel, les sujets de transparence économique ou financière, quel effort de communication est-il accompli ?

À nouveau, le code du travail est muet. On le constate, les thèmes utiles à la perception du bien-être en entreprise sont nombreux et ils ne sont pas abordés par celui-ci.

Formation et déroulement de carrière

Alors que la QVT concerne aussi le déroulement de carrière, quelles sont les dispositions en la matière ? Il faut croire que le code du travail l'a également oublié. Certes, l'employeur est tenu d'assurer l'adaptation du salarié à son poste : en théorie, le salarié doit pouvoir faire face à l'évolution de son poste. Mais c'est un peu court comme déroulé de carrière.

Entre deux entretiens récapitulatifs qui ont lieu tous les six ans, que se passe-t-il ? L'employeur doit veiller au maintien de la capacité de son personnel à occuper un emploi : c'est autre chose que l'adaptation au poste occupé qui constitue une obligation de résultat.

Encore faut-il distinguer les entreprises en croissance et les autres, et se demander s'il y a des postes à pourvoir. Dans ce cas, un parcours de formation peut se concevoir. Si l'effectif doit diminuer, le salarié qui va perdre son emploi ne peut plus espérer qu'un reclassement externe : dans ce cas, c'est lui qui est à l'initiative pour concevoir son futur parcours professionnel. Au mieux, dans le cadre de la procédure de licenciement collectif, il peut espérer une aide financière de son futur ex-employeur.

Ainsi le maintien de la capacité à occuper un emploi relève aussi de l'employeur qui n'est toutefois soumis qu'une obligation de moyens : il peut proposer des actions de formation qui contribuent au développement des compétences. Cela relève du plan de formation, comme on l'appelait encore avant la dernière réforme de septembre 2018 : mais ce plan n'existe légalement qu'à partir de 50 salariés ! Ainsi, selon l'effectif de l'employeur, l'accès du salarié à la formation n'est pas identique. Certes, il bénéficie de l'entretien tous les deux ans et du bilan récapitulatif tous les six ans, mais la sanction en cas de non-respect de ce droit n'est prévue qu'à partir de 50 salariés : son compte personnel de formation est complété par un versement à la charge de son employeur de trois mille euros. Cette sanction se veut dissuasive. Ainsi, entre tenir les entretiens ou faire suivre une action de formation qui au mieux coûtera quelques centaines d'euros, le doute n'est pas permis : ce salarié a un avantage sur son voisin d'une entreprise de moins de 50 salariés qui, lui, pourra seulement se prévaloir devant un conseil de prud'hommes ou une cour d'appel de ce que l'employeur n'a pas mis tous les moyens en œuvre. Mais pour quelle sanction, à la fin ?

C'est généralement au moment du licenciement que la question est abordée, pour constater que l'employeur n'a pas respecté ses obligations. A-t-il imposé à son ex-salarié une action de formation destinée à lui permettre d'occuper son emploi ? Cette question est bien entendu déterminante si le licenciement a pour motif l'incompétence du salarié, un défaut de compétences ou une inadaptation au poste. En dehors de ces motifs, c'est l'obligation de moyens qui est recherchée : l'ex-employeur a-t-il veillé au maintien de la capacité à occuper un emploi ? Si l'emploi du salarié n'est pas menacé, sur quoi peut porter le développement des compétences qui est l'objectif ? Sur des aspects périphériques ou non essentiels ? Au mieux l'employeur propose des thèmes, des domaines ; et le salarié dispose en acceptant ou non de suivre une action à laquelle il n'est qu'incité. En ces temps de disette budgétaire, tout ceci est un peu théorique ou plutôt la pratique n'est pas celle-ci : les OPCO peuvent avoir d'autres priorités de financement.

Si, et c'est l'autre cas possible, le salarié a perdu son emploi à la suite d'un licenciement pour motif économique, quelle obligation avait son ex-employeur ? Devait-il proposer une action de formation en vue d'un reclassement externe ? Tant que la réduction d'effectifs n'a pas été annoncée, on voit mal ce que l'employeur pourrait dire ! Quand les difficultés sont publiques, la procédure de suppression des postes va prévaloir et l'employeur n'a pas l'obligation de financer des actions de formation sauf dans les entreprises d'au moins 50 salariés qui suppriment au moins dix postes. Encore une fois, on se trouve face à une différence de moyens selon l'effectif.

Alors, quel est le rapport à la notion de carrière pour le salarié d'une entreprise de moins de 50 salariés ? Est-on en mesure de supprimer les seuils d'effectifs afin d'instaurer l'égalité entre les salariés ? Si la réponse est négative, est-on en mesure de privilégier les TPE ? Le législateur y a pensé : les syndicats d'employeurs et de salariés en charge de la négociation d'accords et d'avenants aux conventions collectives doivent se poser la question et y répondre dans le texte conventionnel. Dans l'immense majorité des cas, la réponse est formelle : « Il n'y a pas de modalité spécifique à prévoir » pour les moins de 50 salariés. Et c'est logique : la convention collective existe pour toute la branche.

Comment d'ailleurs concevoir des différences ? Faut-il un calendrier progressif dans l'application des nouvelles dispositions ? En commençant par qui ? par les plus grandes ? les plus petites ? Peut-on continuer de réserver des dispositions à certaines tailles d'effectifs ? Le législateur le fait très régulièrement : il y a des seuils.

Si on retient comme postulats que la représentation du personnel et la représentation syndicale ne sont pas suffisamment présentes pour négocier ou à tout le moins traiter ces questions pratiques, que l'employeur dans cette tranche d'effectifs n'a ni le temps ni les moyens, que la généralisation du référendum n'apporterait pas de solution, pourquoi alors ne pas considérer que la convention collective de branche est supplétive à partir de 50 salariés ? Elle s'appliquerait donc faute d'accord interne sur le sujet considéré.

Le licenciement

Voilà encore un sujet de débats, en particulier si on met le sujet du licenciement en lien avec la retraite.

Pour le licenciement, on applique une loi qui date de 1973 : ce qu'on appelle la cause réelle et sérieuse est une notion qui a 50 ans. On a ajouté le licenciement pour motif économique en 1974 avec une indemnisation quasi intégrale du salaire pendant un an à la suite d'un accord national interprofessionnel. Au même moment, en juin 1974, la Cour de cassation décida que toute rupture du contrat de travail d'un salarié protégé était soumise à autorisation administrative, sauf bien entendu en cas de démission. Pour les CDD, c'est surtout en 1977 puis en 1982 que leur rupture fut organisée.

Le départ en retraite, lui, fut réformé en 2007 : le législateur annula toutes les dispositions conventionnelles et contractuelles qui prévoyaient de plein droit la rupture « automatique » du contrat de travail en raison de l'âge du salarié, ou parce qu'il pouvait bénéficier d'une pension vieillesse.

La mise à la retraite devint un licenciement si le salarié ne remplissait pas la condition d'âge. Depuis 2008, puis 2010, on subordonne à un accord du salarié le départ à la retraite sur initiative de l'employeur et ceci jusqu'à soixante-neuf ans. C'est donc seulement à partir de soixante-dix ans que l'employeur peut décider unilatéralement de mettre à la retraite un salarié. Ce type de procédure n'est pas exceptionnel, mais il ne faut pas oublier non plus qu'à peine plus de la moitié des 55-64 ans est encore en activité lors de la liquidation de sa retraite. Ces chiffres sont ceux connus pour la fin 2022 : le taux d'emploi dans cette tranche d'âge augmente, certes, mais il est encore inférieur à celui de certains de nos voisins européens.

On revient de loin ! En 1982, le tout nouveau Président de la République, François Mitterrand, fit promulguer la retraite à soixante ans. En 2023, certains continuent de demander le retour de la liquidation de la pension vieillesse à cet âge. Mieux encore (ou pire encore pour les finances de la Nation !), à cette époque divers systèmes permettaient de ne pas attendre soixante ans : il y eut les contrats de solidarité qui offraient la possibilité aux employeurs d'accepter des demandes de départs à cinquante-cinq ans en contrepartie d'embauches équivalant aux départs, dans le cadre de ce qu'on appelait des « contrats offensifs ». Il y eut aussi les contrats défensifs : des suppressions d'emploi accompagnées ou non de conventions avec le Fonds national de l'emploi (FNE), à partir de cinquante-sept ans – voire sur dérogation de la direction du Travail à partir de cinquante-cinq ans (ces conventions FNE ont disparu avec le temps compte tenu de leur coût). Le salarié licencié pour motif économique percevait plus que l'indemnisation classique de France Travail. Il y a aussi utilisation d'un article de l'accord national interprofessionnel à l'origine des prestations Assedic qui, sous certaines conditions, permettait à l'époque d'être licencié à partir de cinquante-sept ans et d'attendre de remplir les conditions de la retraite. Il y eut enfin des conventions spécifiques qui organisèrent des départs à cinquante-deux ans. On comprend que le taux d'emploi des 55-64 ans ait pu descendre à 25 %… Un directeur départemental du travail disait même que les « amicales de préretraités » étaient plus conséquentes en effectifs que les « associations de travailleurs ! »

Ces dernières années, c'est principalement la rupture conventionnelle qui fut débattue. Elle constitue un des plus forts pourcentages d'inscription à France Travail et les licenciements pour motif économique sont à l'origine de moins de demandes de bénéfice des prestations chômage que les licenciements pour d'autres motifs. La notion de rupture conventionnelle, permise par la loi du 25 juin 2008 sous la présidence Nicolas Sarkozy, a substantiellement modifié les pratiques des employeurs et des salariés et d'autres formes de rupture reposant sur la négociation collective s'en sont inspiré.

Quelques considérations sont utiles pour percevoir l'évolution des cinquante dernières années en commençant par les différents motifs de licenciement.

Le licenciement pour motif personnel

La cause réelle et sérieuse date donc de 1973, quand Georges Pompidou était président et que la crise pétrolière de 1974 n'était pas intervenue : elle aura de nombreuses conséquences sur le droit social, comme le licenciement pour motif économique, le chômage partiel, ou la fermeture de sites.

Ce que l'on nomme cause réelle et sérieuse, c'est ce qui permet de valider un licenciement avec préavis et indemnité de licenciement sans attribution de dommages-intérêts. Avant la notification du licenciement, cette loi a introduit l'obligation d'un entretien préalable destiné à permettre un échange entre l'employeur et le salarié sur le ou les motifs de la décision envisagée.

Un motif réel est un motif « exact et existant ». Cette définition a son intérêt : l'employeur doit énoncer les faits, la situation, les éléments qui expliquent que la relation contractuelle ne peut plus se poursuivre. Cet exposé doit s'opérer lors de l'entretien préalable et se répéter sur la lettre de licenciement. Il est évident que toute variation dans l'exposé du motif est susceptible de supprimer l'exactitude du motif. En pratique, la lettre de licenciement officialise par écrit ce qui est dit lors de l'entretien en précisant toutefois que l'exposé écrit peut être plus concis que l'exposé oral.

La taille de la motivation écrite mérite d'ailleurs examen : jusqu'où aller dans le détail alors que les réponses aux questions posées par le salarié lors de l'entretien ont pu porter sur un ensemble de faits, de critiques, de considérations qui n'ont pas nécessairement leur place dans un exposé écrit. Le motif doit être assez explicite pour se suffire à lui-même. Dit autrement, l'appréciation par le salarié et surtout par le juge – s'il est saisi d'une contestation – va se réaliser par rapport à ce qui est écrit. En pratique, c'est d'abord le motif tel qu'il est énoncé : incompétence ou inadaptation aux fonctions ? Inaptitude médicale ? Fautes dans l'exécution du travail ? Refus d'un changement ?

Le libellé n'est pas suffisant : il faut ajouter les éléments qui vont illustrer l'affirmation. Les rédactions peuvent être plus ou moins résumées mais, en pratique, des précisions interviendront : par l'exposé devant le juge, notamment les conseillers prud'homaux qui questionnent les parties, les conclusions et surtout les pièces jointes à celles-ci apportent des éléments de conviction. Le dosage n'est pas simple : il faut montrer que la rupture est inéluctable faute d'autres solutions au moment où elle est prononcée. Le motif doit donc exister au moment de la décision. Cela signifie qu'il est matériellement « vérifiable », « palpable » et non hypothétique. Invoquer un trouble qui risque d'exister du fait d'un comportement inadapté est-il un motif existant ? C'est le reproche qui a été fait à la « nécessité de préserver ou de sauvegarder la compétitivité » : suffit-il qu'elle soit menacée pour que cette crainte puisse légitimer un licenciement ?

Le motif doit être sérieux : il est suffisamment important pour ne pas permettre le maintien du salarié dans l'entreprise. Le droit disciplinaire a une échelle des fautes suffisamment claire : la faute sérieuse est entre la faute légère et la faute grave. La cause sérieuse, c'est une cause objective qui impose aux parties de tirer les conséquences de la situation. Cependant, si le principe de la rupture s'impose, le moment, lui, peut s'adapter aux circonstances : une incompétence, une inadaptation aux fonctions peuvent s'apprécier dans la durée ; une faute grave entraîne une rupture dans les deux mois qui suivent la connaissance des faits avec mesure conservatoire de mise à pied s'appliquant immédiatement, dès le lancement de la procédure de licenciement.

Le doute peut exister sur le sérieux ou la réalité de la situation à l'origine du projet de licenciement ou de la décision quand celle-ci a été exécutée : depuis 1973, il est écrit dans la loi que le juge forme sa conviction « au vu des éléments fournis par les parties après avoir ordonné, au besoin, toutes les mesures d'instruction qu'il estime utiles ». Le « législateur Macron », dans une de ses ordonnances de septembre 2017, a tenté de secourir le juge en organisant la possibilité de préciser les motifs « après la notification » du licenciement, à l'initiative de l'employeur ou à la demande du salarié.

Contrairement à la lecture faite de l'application de la loi de 1973 sur la cause réelle et sérieuse, l'exposé écrit du motif peut être insuffisant et ne pas toujours entraîner l'absence de cause réelle et sérieuse.

C'est ce qui a été introduit après l'élection d'Emmanuel Macron : si le salarié n'utilise pas cette procédure de demande de précision, l'insuffisance de motivation ne prive pas à elle seule le licenciement de cause réelle et sérieuse ! Une insuffisance de motivation générait avant 2017 l'attribution de dommages-intérêts au moins équivalents à six mois de salaire. Depuis fin 2017, les dommages-intérêts ne peuvent excéder un mois de salaire dans ce cadre.

Indépendamment de cette particularité, le législateur a modifié aussi les dommages-intérêts quand le licenciement ne repose pas sur un motif réel et sérieux. C'est le fameux « barème Macron » qui a été vilipendé par les défenseurs des salariés qui y voient une remise en cause de ses engagements internationaux par la France. Jusqu'à 2017, il existait deux catégories de salariés et trois types d'indemnisation.

Pour les salariés, il y avait ceux de moins de deux ans d'ancienneté dont l'effectif de l'entreprise était inférieur à 11 salariés : pour eux, les irrégularités de procédure et l'absence de cause réelle et sérieuse étaient réparés en fonction du préjudice subi (en pratique moins que les autres). Et ceux d'au moins deux ans d'ancienneté licenciés par un employeur d'au moins 11 salariés : un mois de salaire maximum pour les irrégularités de procédure et au moins six mois de salaire pour l'absence de cause réelle et sérieuse étaient attribués.

Selon les circonstances du licenciement, des demandes distinctes de dommages-intérêts pouvaient être présentées, telles les conditions brutales ou vexatoires de la rupture par exemple. Ne sont pas concernées ici les hypothèses de nullité du licenciement, par exemple pour atteinte à la liberté d'expression, pour discrimination liée à l'âge, au sexe, à la santé, mais aussi pour violation d'un statut protecteur comme celui des représentants du personnel ou de la future mère pendant le congé maternité, etc. Dans ces cas, l'annulation par le juge du licenciement permet la réintégration dans l'entreprise avec paiement des salaires perdus depuis la sortie abusive des effectifs jusqu'au jour de la réintégration, outre l'attribution de dommages-intérêts. Cette spécificité n'a pas été modifiée : le régime de la nullité demeure distinctement à l'instauration du barème Macron qui distingue toujours les salariés selon l'effectif de l'employeur et selon l'ancienneté : lorsque l'effectif est inférieur à 11 salariés et pour les seuls salariés ayant moins de 11 années complètes, un minimum de 0,5 mois à 2,5 mois a été introduit. Lorsque l'effectif est d'au moins 11 salariés, le minimum va de 1 à 3 mois et le maximum est de 1 à 20 mois de salaire selon l'ancienneté.

Les irrégularités de procédure (non-respect du délai minimum de cinq jours ouvrables entre la convocation et l'entretien, non-rappel de la possibilité pour le salarié de se faire assister, non-respect du délai de réflexion entre l'entretien et la notification du licenciement) continuent d'être tributaires d'une indemnité qui ne peut être supérieure à un mois de salaire.

Pour tenter de dépasser le maximum de dommages-intérêts fixé selon l'ancienneté, les défenseurs des salariés continuent de présenter des demandes distinctes d'attribution de dommages-intérêts destinées à prendre en compte les modalités ou les circonstances jugées vexatoires du licenciement.

Ces changements intervenus fin 2017 continuent, encore fin 2023, début 2024, de faire débat malgré la position de la Cour de cassation : ce barème n'est pas en contradiction avec la convention 159 de l'Organisation internationale du travail et l'article 24 de la Charte sociale européenne qui demandent aux États liés par ces textes de permettre « une indemnité adéquate ».

De manière générale, la substitution d'un minimum (fixé à trois mois au lieu de six) et l'instauration d'un maximum expliquent les critiques : le minimum de trois mois est applicable quelle que soit l'ancienneté à partir de deux ans. Quant au maximum, il va jusqu'à vingt mois alors que par le passé les condamnations supérieures à un an de salaire supposaient de pouvoir justifier d'éléments particuliers de préjudice.

Quel emploi ?

Cette évolution des textes se situe dans un contexte de contestation des coûts liés au salariat. En substance, l'emploi se porterait mieux si les employeurs pouvaient licencier plus facilement, entend-on ici ou là.

Bien entendu, il n'y a rien de scientifiquement établi dans cette affirmation : si un texte suffisait pour diminuer le chômage, le Parlement devrait en adopter un tous les jours ! On pourrait même aller jusqu'à interdire le chômage par la loi comme l'avait un jour proposé Bernard Tapie ! Plus sérieusement, depuis plus de cinquante ans, des textes, des accords collectifs, des jurisprudences, ont façonné le droit actuel. La critique est aisée, l'art plus difficile. Ainsi, les politiques, femmes ou hommes, ont pu faire évoluer leurs positions avec le temps : l'orientation permanente a été de trouver des moyens de protéger le salarié. Cet objectif a-t-il été atteint ? On peut en débattre à l'infini, mais quelques considérations pourront servir à alimenter ici les réflexions des uns et des autres.

Posons d'abord que l'emploi est lié à un niveau d'activité et non à des textes. Prenons les quinze dernières années, de façon à englober les mandats des trois derniers Présidents de la République : le chômage a augmenté au moins pendant les deux premiers mandats sans qu'on puisse davantage accuser l'un ou l'autre des deux Présidents de l'effet des lois promulguées. Mieux si on peut dire, les ministres Rebsamen et El Khomery sous la présidence Hollande ont été critiqués pour des mesures jugées régressives sans que la courbe du niveau de l'emploi ait substantiellement bougé. De la même façon, on peut estimer que les mesures adoptées par Nicolas Sarkozy et François Fillon en 2008 (doublement de l'indemnité de licenciement, allongement de la période d'essai, abaissement à un an de la condition d'ancienneté pour bénéficier d'un complément de salaire en cas de maladie ou d'accident), ne sont pas en elles-mêmes à l'origine d'une dégradation du chômage.

De plus, des textes ont été adoptés pour favoriser ou améliorer l'emploi : le doublement de la période d'essai sous M. Sarkozy, les réformes successives sur l'organisation de France Travail, la lutte contre le harcèlement et les discriminations, l'aménagement annuel du temps de travail, la suppression de l'autorisation de l'Inspection du travail pour dépasser le contingent d'heures supplémentaires, les textes en faveur de l'épargne salariale, la réforme de l'organisation de l'Inspection du travail, les informations à communiquer lors de la déclaration préalable à l'embauche, les évolutions successives du droit à la formation, l'emploi des travailleurs en situation de handicap, la médecine du travail, la simplification et la modification du compte personnel de prévention de la pénibilité, la dématérialisation des bulletins de paie, etc. Quel effet sur l'emploi a-t-on pu mesurer ?

N'est-ce pas plutôt des mesures très ciblées qui ont pu avoir un effet positif ? L'aide au recrutement d'apprentis, les aides ponctuelles au recrutement de jeunes ou de seniors, les aides à l'emploi d'alternants, l'activité partielle, le recours au portage salarial ont certainement été moins commentés et pourtant ils sont pérennes : c'est bien qu'ils aient été jugés bénéfiques.

Ne jetons pas la pierre seulement aux politiques. Quelle contribution à l'emploi est venue des partenaires sociaux ? Tout d'abord, n'oublions pas que de nombreux textes législatifs sont directement issus d'accords nationaux interprofessionnels (par exemple la généralisation de la mensualisation en 1978 ou la loi de juin 2008 qui a modifié certaines de ses dispositions). Ensuite il y a des thèmes sur lesquels ils n'ont pu s'entendre et où il a bien fallu que le gouvernement adopte des mesures – par exemple en matière de formation professionnelle. Quels résultats sur l'emploi au niveau des branches ? Le premier accord national interprofessionnel (ANI) sur l'emploi date du 10 février 1969 et il est à l'origine de la création des Commissions paritaires de l'emploi au niveau des branches. Compte tenu du champ territorial de ces dernières, ces Commissions sont nationales et on parle des CPNE (Commissions paritaires nationales de l'emploi). En pratique, chaque branche a sa CPNE : elle fonctionne comme une sous-commission de la CPPNI, la Commission chargée de la négociation des avenants à la convention collective dans sa composition (les représentants, en nombre plus réduit certes participent aux deux). Mais ses attributions sont centrées sur l'emploi et elle se réunit moins souvent voire une seule fois par an. Quelles sont ces attributions ? « Contribuer à améliorer la situation de l'emploi », selon l'article 1er de cet accord qui est opposable à tous les secteurs d'activité, compte tenu d'un arrêté d'élargissement pris le 11 avril 1972.

Pour ce faire, les tâches assignées à la CPNE sont, entre autres, d'étudier la situation de l'emploi « des mois précédents et son évolution prévisible », pour laquelle un rapport annuel doit être établi. Comment la CPNE peut-elle assurer cette mission alors que seuls les licenciements d'au moins dix personnes sont portés à sa connaissance ? Dans ce cas, quelle est sa mission ? « Le cas échéant », participer « à l'établissement du plan social ». Comment une Commission, composée paritairement, se réunissant à Paris, peut-elle participer aux côtés de la direction et des représentants du personnel concernés à l'élaboration de mesures destinées à réduire le nombre de licenciements et à faciliter le reclassement du personnel ?

L'ANI a prévu l'information de la CPNE par la Direction : en pratique, la CPNE prend acte de l'information en en accusant réception et sa mission s'arrête là ! Pourtant, les négociateurs en 1969 avaient prévu « la constitution de commissions d'intervention agissant localement au niveau le plus proche possible du lieu du licenciement réunissant des représentants des organisations syndicales ou des commissions paritaires en cause et faisant appel au concours des représentants de toutes administrations ou de tous organismes [...] susceptibles de contribuer au reclassement, à la formation, au recyclage, au perfectionnement, à l'indemnisation du personnel licencié » (article 15). Quel programme ! En pratique cette mission n'est pas assurée : il n'y a pas de commission d'intervention, les représentations régionales d'organisations patronales et salariales de la branche peuvent ne pas exister ; et comment une commission de ce type pourrait-elle par exemple s'occuper de l'indemnisation des personnes concernées ? Le rapport annuel qui doit exister au niveau de la branche se contente en pratique d'informations quantitatives : nombre de salariés en distinguant les femmes et les hommes, durée indéterminée ou déterminée du contrat de travail, durée du travail, ancienneté, etc. Aucune mesure permettant d'agir sur l'emploi.

Cet ANI de 1969 a été complété par un avenant du 21 novembre 1974 qui renforça les missions des CPNE : « Conformément aux dispositions de l'accord du 9 juillet 1970 sur la formation et le perfectionnement professionnels, établir et tenir la liste nominative des cours, stages ou sessions considérés par elles comme présentant un intérêt reconnu pour la profession et retenus à partir de critères définis par elles, notamment ceux liés au contenu des actions de formation et à leur valeur pédagogique ». Précisons que l'accord de 1970 a été conclu alors que le gouvernement Chaban-Delmas avait été mis en place l'année précédente sous le slogan de la nouvelle société et que celui qui fit beaucoup, à cette époque, dans l'instauration de la formation professionnelle s'appelait Jacques Delors. C'est sur ce terrain que la CPNE remplit sa mission ou la fait remplir : elle est en relation avec l'organisme collecteur de la contribution formation due par l'employeur (l'OPCO) en charge de la gestion des fonds collectés.

De l'emploi, on est passé à la formation : cette préoccupation se manifeste lors des licenciements pour motif économique, elle peut aussi se concrétiser en cas de licenciement pour motif personnel si le salarié veut préparer une reconversion ou au moins un reclassement via un bilan de compétences, via le recours à France Travail, ou au CEP.

Est-ce que le bilan du paritarisme des cinquante dernières années a été à la hauteur des attentes ou de ses possibilités ? Les événements de mai 1968 n'ont pas été pour rien dans la conception et la mise en place de ces outils. Le fait syndical a été reconnu dans les entreprises par une loi d'octobre 1968 : un cadre national était nécessaire pour permettre de traiter certaines questions et éviter le débordement des syndicats, patronaux ou de salariés. Les attentes ont pu reposer sur l'existence de structures de concertation et les Gilets jaunes ont montré ce qui se passe quand les « corps intermédiaires » ne sont pas efficaces ou utilisés. Le paritarisme permet ces échanges : mais qu'en connaît le grand public ? Qui a une idée des délibérations paritaires sur la formation ? La Commission paritaire publie-t-elle ses travaux et sous quelle forme ?

Les indemnités de licenciement

La formation est-elle abordée en cas de licenciement pour motif personnel ? Elle peut l'être en cas de négociation des conséquences du licenciement via une transaction qui va prévoir le recours à un cabinet d'outplacement, lequel permet un bilan sur les formations suivies et expériences acquises et la conception d'un parcours vers le retour à l'emploi. Il a un coût et le montant correspondant va chez ce prestataire et non au salarié. En pratique, entre financement d'une aide au reclassement externe et perception d'une indemnisation complémentaire à l'indemnité de licenciement, quelle est la préférence du salarié ?

Que perçoit-il d'ailleurs en cas de licenciement ? L'indemnité de licenciement représente, une fois la condition d'ancienneté de huit mois atteinte, 0,25 mois par année et 0,33 mois pour chacune des années au-delà de 10 ans. Pour 10 ans d'ancienneté, c'est donc 2,5 mois de salaire et pour 20 ans par exemple c'est 2,5 mois + 3,3 mois de salaire. Les conventions collectives peuvent prévoir des montants plus importants selon l'ancienneté et selon la catégorie. On peut trouver aussi des majorations au-delà de cinquante ou cinquante-cinq ans. Concrètement, l'indemnité de licenciement prévue par la convention collective peut être le double de celle prévue par la loi qui n'est qu'un minimum auquel toutefois un accord d'entreprise ne peut déroger que si plus favorable au salarié.

Il faut remarquer l'évolution de l'indemnité prévue par la loi : on est passé de 0,1 mois par année en 1973, à une majoration pour les seules années au-delà de 10 ans puis encore à un doublement à 0, 2 mois et, enfin, une nouvelle majoration pour parvenir à 0,25 mois et 0,33 mois depuis fin

2017. Cette multiplication par 2,5 a pour conséquence que de nombreuses conventions collectives ne comportent plus de disposition prévoyant une indemnité supérieure à la loi.

L'indemnité de licenciement pour son montant prévu par la loi ou la convention collective est exonérée de cotisations sociales, patronales et salariales, ainsi que de l'imposition sur le revenu, contrairement au préavis et à l'indemnité compensatrice de congés payés qui accompagnent le licenciement (de même l'indemnité de fin de CDD est soumise aux cotisations sociales et à l'impôt sur le revenu). De leur côté, les prestations versées par France Travail représentent 57 % du salaire brut moyen des douze derniers mois : après déduction d'un peu moins de 10 % à titre de cotisations salariales, le revenu net assuré par France Travail se situe entre les deux tiers et les trois quarts du net perçu en activité. La différence est compensée pendant plusieurs mois par l'indemnité de licenciement, les prestations chômage pouvant être versées pendant plus de deux ans selon l'âge pour ceux ayant cotisé pendant plus de deux ans.

Il faut ajouter les majorations d'indemnité de licenciement qui peuvent résulter de dispositifs internes à l'entreprise : accords d'entreprise, statut interne octroyé par décision unilatérale, contrat de travail, transaction, convention de rupture conventionnelle. Elles sont exonérées de cotisations sociales (sauf CSG et CRDS à la charge du bénéficiaire) jusqu'à concurrence de deux années de salaire brut dans la limite de deux plafonds annuels de Sécurité sociale (qui représentent en 2024 92 736 €).

Jusqu'à ces montants, l'employeur et le salarié peuvent se mettre d'accord pour une indemnité de rupture (indemnité de licenciement plus majoration) qui est exonérée de cotisations patronales et uniquement soumise à 9,7 % de CSG / CRDS sur la seule majoration. Fiscalement, l'indemnité est exonérée jusqu'à concurrence de deux ans de salaire dans la limite, cette fois, de six plafonds annuels de la Sécurité sociale. En pratique, cela veut dire qu'un cadre percevant un brut annuel de 60 000 € est exonéré d'impôt sur le total indemnité de licenciement plus la majoration jusqu'à hauteur de 120 000 €.

Prenons deux exemples : un ouvrier ou un employé qui perçoit en salaire 20 000 € brut sur l'année soit en net 15 400 € bénéficie de 10 300 € de prestations chômage ; la différence de 5 100 € sur douze mois est partiellement compensée par l'indemnité de licenciement qui, dans notre hypothèse, représente 2 mois de salaire (0,25 mois multiplié par 8 ans d'ancienneté), soit 3 333 €. Si l'on néglige l'économie fiscale (sur la perte de revenu compensée par une indemnité exonérée) et les frais liés à l'exercice d'une activité (frais de déplacement, de garde d'enfants…), le revenu net est assuré pendant plus de sept mois sans majoration d'indemnité de licenciement.

Prenons ensuite un cadre qui perçoit 60 000 € brut sur un an, soit environ 46 000 € net de cotisation sociale. France Travail va lui verser net de cotisations environ 31 000 € de prestations ; la différence de 15 000 € net est compensée par l'indemnité de licenciement, là aussi égale à deux mois de salaire (10 000 €) pendant les deux tiers d'une année. Si l'employeur verse trois mois de salaire net en plus (c'est le minimum qu'un tribunal alloue pour 8 ans d'ancienneté en cas de licenciement sans cause réelle et sérieuse), cette majoration va porter le maintien du revenu net à dix-sept mois.

Les cinq mois de salaire sont exonérés de cotisation patronale. Ces cinq mois net social et net fiscal auraient représenté en brut chargé des cotisations patronales autour de neuf mois de salaire.

Ces exemples qui renvoient aux écarts entre la France et quelques pays voisins en termes de durée et de montant d'indemnisation montrent aussi que le coût d'un licenciement est davantage sur la durée du préavis (deux mois à partir de deux ans d'ancienneté, jusqu'à six mois pour certaines catégories de cadres) ou sur la durée de la procédure antérieure à la notification de la rupture.

Notre droit social est davantage tourné vers la rupture du contrat de travail que vers des mécanismes de maintien aménagé de la relation contractuelle. Certains affirment que la formation est le rempart contre le chômage : en réalité, en cas de licenciement pour motif personnel, le recours à la formation est inexistant ou presque. Il en est de même en cas de rupture conventionnelle, qui sert à contourner les inconvénients de la démission et les risques du licenciement. Mais qu'en est-il en cas de licenciement pour motif économique ?

Le licenciement pour motif économique

Il en a provoqué des débats, des lois et des jurisprudences, ce licenciement ! Voici sa trajectoire en droit. La première loi est celle qui en 1975 a instauré l'obligation d'obtenir l'autorisation de la direction du Travail pour notifier un licenciement pour motif économique, soit un délai de sept jours renouvelable une fois ou de trente jours selon l'importance de la réduction d'effectifs. Cette loi accompagna une révision de l'ANI de 1969 par un avenant de 1974 qui accompagna le chômage d'une indemnisation à pratiquement 100 % du salaire. La campagne électorale de 1986 qui permit à Jacques Chirac de devenir Premier ministre s'est déroulée sous le slogan du libéralisme : dehors l'autorisation administrative de licenciement pour motif économique !

Parallèlement, les textes se complétèrent de dispositions permettant au comité d'entreprise de recourir à un expert-comptable si la procédure concernait au moins dix licenciements.

On n'imagine pas les échanges entre la direction et l'expert-comptable sur la nature des informations et les documents à mettre à sa disposition pour éclairer les représentants du personnel à propos de la réalité et du sérieux du motif mis en avant par l'employeur. Que de temps passé à disserter sur le caractère obligatoire ou non de tel ou tel document ou information voire sur leur présentation !

Ordinairement jugé complet et tatillon, le droit n'a pas réglementé de façon précise le contenu de la mission des experts-comptables, s'en remettant au Conseil de l'Ordre auquel appartiennent ces professionnels pour les applications pratiques. Le législateur de septembre 2017 a tiré les conséquences des contentieux en encadrant la mission de l'expert dans des délais alors que par le passé le comité d'entreprise pouvait faire en sorte d'allonger la durée de la procédure par différentes « initiatives ». On a aussi permis à la concertation entre la direction et les syndicats ou les représentants élus du personnel de négocier sur les modalités de réalisation de l'expertise.

Le législateur est intervenu sur différents aspects, en particulier ceux qui touchent aux dispositions collectives (la procédure, le motif économique, les experts, la négociation) laissant la liberté aux salariés de définir le champ de leur mobilité. Tous les salariés ne sont pas traités de la même façon : on distingue les procédures portant sur moins de dix suppressions d'emploi de celles qui vont au-delà. C'est à partir de ce dernier nombre de licenciements envisagés et dans les seules entreprises d'au moins 50 salariés que l'ensemble des dispositifs qui se veulent protecteurs s'applique avec l'exigence d'une validation par la direction du Travail de la procédure, de l'adéquation des mesures de reclassement et du choix des critères. Sans ce feu vert administratif, pas de poursuite possible de la procédure. En deçà de ce nombre ou de cet effectif, l'examen par la Direction du Travail se limite à un avis auquel il suffit de répondre, et le délai de réalisation de la procédure est plus court.

Les sources de contentieux dans le passé ont porté notamment sur le motif : qu'est-ce qu'un motif économique réel et sérieux ? Contrairement au motif lié à la personne du salarié pour lequel une grande liberté de définition existe sans liste préétablie, la loi a institué une obligation de choisir entre des motifs énumérés limitativement : difficultés économiques, mutations technologiques, sauvegarde de la compétitivité de l'entreprise, sans oublier le motif autonome de cessation d'activité. Celui sur les mutations technologiques relève d'une logique différente des deux autres : l'entreprise peut ne pas être en difficulté et l'impact sur l'emploi se situe principalement en termes de transformation de l'emploi : les conditions d'exercice changent, ont changé ou vont changer et il faut dès lors s'adapter en matière de savoir-faire. Ce motif se situe dans le temps : l'emploi ne disparaît pas, il se transforme jusqu'au moment où le salarié ne serait plus en mesure de le tenir si les dispositions de formation ou de qualification requises n'étaient pas prises. Cette transformation de l'emploi se conjugue avec la modification du contrat de travail que le salarié peut être amené à refuser : l'emploi à occuper n'est plus celui pour lequel il avait été recruté.

Dans l'optique publique de libéraliser le recours au licenciement pour motif économique, il y a ensuite la « réorganisation de l'entreprise nécessaire à la sauvegarde de sa compétitivité ». Ce motif a fait l'objet de débats : le bilan de l'entreprise n'est pas encore négatif, mais il pourrait le devenir si des mesures correctives n'étaient pas engagées. C'est de la prévention : il faut anticiper pour ne pas avoir à subir ultérieurement. A priori, on s'éloigne du motif réel qui doit exister quand le licenciement est prononcé. On ne saura jamais si le risque de perte de la compétitivité se serait réalisé puisque des corrections ont été apportées pour qu'il ne se réalise pas ! Ce motif a été qualifié de « boursier » à cause de quelques grands groupes qui ont annoncé des suppressions d'emploi en même temps que de conséquents bénéfices annuels.

Contrairement aux difficultés économiques que le législateur a illustrées, (baisse du chiffre d'affaires, perte d'exploitation…) la compétitivité n'est pas définie par des critères qui lui soient propres : en dehors d'une baisse du chiffre d'affaires, d'une dégradation des résultats, d'une perte d'exploitation, quel ratio la caractérise ? Le poids de la masse salariale rapportée au chiffre d'affaires ou son importance dans la structure du bilan par rapport aux achats, aux frais généraux ? Suffit-il que les bénéfices diminuent pour que la compétitivité soit menacée ?

Il faut mettre en avant les critères qui illustrent la compétitivité, montrer sa dégradation ou à tout le moins leur évolution négative, et expliquer en quoi la réorganisation envisagée va permettre de stopper l'érosion, de renverser la tendance, de sécuriser la situation actuelle, de faire progresser positivement tel ou tel ratio, et ainsi permettre que des bénéfices puissent continuer d'exister. Il faut sauvegarder ce qui existe ou a existé et démontrer que la réorganisation envisagée est non seulement utile mais nécessaire. Si elle ne se réalise pas ou si elle ne réussit pas, l'entreprise serait-elle menacée dans son devenir ? Dans son existence même ?

La lecture de quelques plans de sauvegarde de l'emploi témoigne de l'imagination de certaines entreprises concernant la nécessité d'une réorganisation. Les prévisions économiques n'ayant rien de scientifique, le rapport de l'expert-comptable désigné par les représentants du personnel a pu se livrer à quelques critiques. Qui a raison ? Il n'est pas dans les attributions du juge de substituer son appréciation de l'adéquation des mesures arrêtées. C'est généralement dans cette hypothèse de motif supposé que l'employeur va financer des mesures de reclassement et surtout d'indemnisation suffisamment généreuses pour qu'on n'en entende plus parler, contrairement à quelques célèbres fermetures de sites.

Reste le motif des difficultés économiques. Sous la présidence Hollande, et sous l'autorité de M. Macron, à l'époque ministre de l'Économie et de l'Industrie et de Mme El Khomri, ministre du Travail, est intervenue une illustration de telles difficultés : baisse des commandes ou du chiffre d'affaires, existence de pertes d'exploitation, dégradation de la trésorerie ou de l'excédent brut d'exploitation, ou tout autre élément de nature à justifier de ces difficultés. Non seulement la notion est illustrée mais elle est aussi quantifiée pour le chiffre d'affaires et les commandes : selon l'effectif de l'entreprise, il suffit d'une baisse pendant un à quatre trimestres consécutifs pour qu'elle soit « significative » et donc constituée. Beaucoup de praticiens furent surpris : la loi n'a pas été exigeante. Le politique a fait prévaloir ses considérations sur ce qui était exigé jusqu'alors : une entreprise de 11 à 50 salariés par exemple n'aurait pas osé justifier des suppressions d'emploi par un chiffre d'affaires en baisse sur deux trimestres consécutifs par rapport aux mêmes trimestres de l'année précédente sans risquer de voir son motif être jugé non sérieux.

Si une procédure de suppression d'emploi est engagée, elle va se dérouler au mieux au cours du troisième trimestre : entre la préparation du dossier, la procédure d'entretien préalable, le délai de réflexion après l'entretien préalable de sept jours, il s'écoule au minimum un délai de trois semaines avant de notifier le licenciement quand la procédure concerne moins de 10 personnes. Le cas échéant, le niveau de commandes peut se redresser pendant ce temps : on serait sur du conjoncturel et dès lors le recours à une mesure d'activité partielle doit être examiné avant de s'orienter vers une suppression d'emploi. On peut aussi rechercher si une mesure de temps partiel ne serait pas de nature à éviter une suppression d'emploi. Toutefois, il faut remarquer que le passage d'un temps plein à un temps partiel ne fait pas l'objet dans la loi (et les conventions collectives) d'une compensation pécuniaire. Pourquoi les salariés accepteraient-ils une baisse de salaire en continuant de travailler à mi-temps par exemple, alors que l'autre mi-temps non travaillé ne serait pas indemnisé ?

Le législateur ne s'est pas contenté de régir le motif de la suppression d'emploi : il s'est aussi préoccupé de la désignation des salariés susceptibles d'être concernés en dehors de l'hypothèse de la cessation d'activité entraînant la suppression de tous les emplois. Une des difficultés, c'est de définir le champ d'application des critères quand l'entreprise comporte plusieurs établissements dont certains vont fermer ou réduire leur activité : la suppression des emplois s'apprécie établissement par établissement.

Mais l'identité des salariés concernés est, elle, fonction de l'application des critères sur les établissements relevant d'une même zone, telle que celle-ci est définie par l'atlas des zones d'emploi établi par l'INSEE.

Concrètement, une entreprise disposant de trois magasins dans un même département et fermant un magasin doit appliquer les critères de qualités professionnelles, d'ancienneté, de charges de famille et de difficulté de réinsertion aux trois magasins. Ainsi celui qui peut être licencié peut ne pas travailler dans le magasin qui ferme, mais dans l'un des deux autres !

Cette règle s'applique à défaut d'accord collectif prévoyant un périmètre d'application différent : pour conclure cet accord collectif, il faut se mettre d'accord avec la représentation syndicale ou à défaut la représentation élue du personnel. La tâche n'est pas simple : il faut demander au délégué syndical de participer à la désignation de ceux qui vont être licenciés. Cela fait partie des thèmes de concertation pendant une procédure de ce type, mais tant que l'accord n'a pas été trouvé, il n'est pas possible de dire aux salariés lesquels risquent d'être concernés. Ordinairement, c'est à la fin de la procédure que cet accord peut intervenir, quand un consensus se dégage sur les mesures de reclassement et surtout sur l'indemnisation des futurs licenciés.

Certes, il est possible de négocier cet accord dès le début de la procédure : pensez-vous que la représentation du personnel soit prête à conclure ce point sans avoir préalablement accepté la suppression d'emplois ? Si un accord collectif est conclu, les critères vont s'appliquer sur le périmètre désigné par l'accord. Si ce n'est pas le cas, il va falloir appliquer les critères sur les mêmes catégories d'emplois que celles concernées par la cessation d'activité sur l'ensemble des magasins de la même zone d'activité et ainsi expliquer au salarié désigné par les critères qu'il va être licencié parce que l'emploi d'un de ses collègues de travail dans un autre magasin est supprimé, mais qu'il ne le sera pas si ce même salarié refuse de venir occuper son poste !

En matière de communication, c'est désastreux : deux personnes se retrouvent concernées pour un seul poste à supprimer, et la personne qui sera licenciée va dépendre d'un choix personnel. Est-ce que celui dont le magasin cesse ou réduit son activité accepte une mobilité géographique dans le même département mais le cas échéant à plusieurs dizaines de kilomètres ? S'il l'accepte, il va croiser de nouveaux collègues qui vont voir en lui celui qui aurait pu ou dû être licencié, et non celui qui était connu depuis des années. Si peu de temps après l'avoir acceptée, cette mobilité géographique devient trop contraignante et que le salarié la remet en cause, dans les conditions qui ont pu être prévues, celui qui a été licencié est prioritaire s'il le souhaite pour réoccuper ce poste alors que peut-être il avait trouvé un autre emploi ! Cette disposition législative mérite d'être revue !

Une autre difficulté tient dans le périmètre professionnel de comparaison des emplois pour appliquer les critères dans la même catégorie d'emplois : deux emplois peuvent avoir le même coefficient et ne pas être comparables. Deux appellations d'emplois peuvent être différentes et représenter des fonctions similaires ou suffisamment proches pour que les salariés soient interchangeables. Cela suppose de pouvoir expliquer les choix à partir du vécu, de la réalité des situations qui a pu évoluer par rapport à l'appellation d'emploi mentionnée sur le contrat de travail ou le bulletin de paye. Autant d'hypothèses qui nécessitent de la rigueur dans la gestion administrative du personnel.

Quand les personnes concernées sont désignées, des mesures de reclassement peuvent être appliquées, si elles existent. Encore faut-il qu'il en existe. Cela suppose qu'il y ait des emplois vacants ou qui le deviendraient. On peut imaginer qu'une ou plusieurs personnes se portent volontaires au départ. Cela ne crée pas toujours du reclassement, mais cela évite d'imposer des désignations. On peut aussi imaginer que des volontariats à du temps partiel se manifestent : qui est prêt à réduire son temps de travail avec diminution de salaire ? Et pour combien de temps ? Très souvent, l'employeur n'a guère de solution de reclassement interne à proposer : au mieux, on peut trouver ici ou là un emploi qui peut être mis en avant, soit parce qu'il est temporairement libre, soit qu'il soit bâti sur mesure et à temps partiel.

On est donc amené à aborder de nombreuses questions pratiques que ni le législateur ni les partenaires sociaux n'ont réglées. Prenons quelques autres exemples qui renvoient à diverses considérations.

Il se peut qu'il n'y ait pas de solution à proposer : une entreprise n'a pas nécessairement des postes vacants ou appelés à l'être. S'il faut la réorganiser, c'est au mieux un maintien global : des emplois peuvent se transformer, ce qui n'exclut pas le licenciement pour motif économique. Est-ce qu'une réduction collective de la durée du travail apporterait des solutions ? La baisse corrélative, même non-proportionnelle, du salaire peut être refusée, ce qui ne règle rien.

Il peut y avoir une réduction individualisée du temps et du salaire : cela peut être évoqué dans le dossier d'explication de la procédure, mais en pratique on a la réponse des salariés qu'à la fin de la procédure, quand ils connaissent les mesures qui seront finalement accordées pour compenser la baisse de revenu. Il peut y avoir une externalisation de l'activité, dans ce cas, l'opération se traduit par des emplois transférés et non supprimés, et l'externalisation suppose un accord du salarié pour changer d'employeur et à condition que le nouvel exploitant propose des embauches. (Tout ceci sauf en cas de transfert de l'entité poursuivant son identité au sens de l'article L.1224-1 du code du travail.)

Si l'entreprise exerce une activité qui existe aussi dans une autre société du même groupe, il faut rechercher des possibilités de reclassement. Plusieurs difficultés apparaissent : tout d'abord une société du même groupe se porte-t-elle mieux au point de devoir recruter ? Cela suppose une centralisation des offres d'emploi, mais qui décide du reclassement ? L'employeur qui va supprimer des emplois ? Celui qui a un ou des postes à pourvoir ? Suffit-il que le salarié soit prêt à accepter ce reclassement pour que les deux soient obligés ? La loi ne règle pas cette question : la société qui recrute n'aurait pas le droit de choisir son futur salarié ?

Si les parties sont d'accord pour ce reclassement, est-ce un licenciement avec versement de l'indemnité de licenciement, suivi d'une embauche sans reprise d'ancienneté ? Est-ce un transfert du contrat de travail emportant changement d'employeur sans indemnité de licenciement, avec poursuite de l'ancienneté ? Un accord de mobilité interne au groupe peut apporter la réponse. Ce n'est pas le seul intérêt d'un accord de ce type : c'est aussi de définir les modalités de la mobilité, géographique ou professionnelle.

En effet, le changement d'employeur nécessite de traiter différentes questions : la durée du travail, le salaire, le statut collectif. Il peut y avoir identité de convention collective en raison de l'activité mais disparité d'accords d'entreprise. Le régime de prévoyance et le régime de remboursement des frais médicaux, pharmaceutiques, peuvent aussi être différents. Existe-t-il une épargne salariale ? des activités sociales et culturelles liées la présence d'un comité social et économique ? Les avantages peuvent être différents, le niveau des garanties également : qu'est-ce qui peut motiver le salarié à accepter ? L'assurance d'un emploi et d'un revenu, certes, mais si aucun reclassement ne se met en place par défaut de proposition ou par refus du salarié, ce dernier perçoit une indemnité de licenciement qui a pu être majorée dans le cadre du plan de suppression d'emplois. À court terme, le salarié licencié et n'ayant pas repris d'emploi, peut disposer d'un revenu supérieur à celui dont il disposait quand il travaillait ou supérieur à celui qu'il aurait perçu s'il avait accepté le reclassement interne à la société ou au groupe. Ce court terme peut durer deux ans voire plus.

Y a-t-il une réelle incitation au reclassement après le licenciement ? Et avant le licenciement, qu'est-ce qui peut permettre de l'empêcher ? Il faut s'assurer, d'après la loi, que

« tous les efforts de formation et d'adaptation ont été réalisés ». Formation et adaptation à quoi ? À l'emploi occupé jusqu'ici ? Mais c'est précisément celui qui disparaît ! La formation au service de l'employabilité du salarié serait-elle donc uniquement liée à l'emploi qu'il occupait, ou à un emploi proche de celui-ci ? On comprend cette formulation quand l'emploi se transforme : il faut former ou adapter le salarié pour qu'il puisse occuper l'emploi après transformation. Au demeurant quelle différence entre formation et adaptation ? La formation permet de l'adapter aux caractéristiques du nouvel emploi. Si le salarié refuse la « formation », il ne pourra pas occuper le nouvel emploi.

Ce préalable de formation-adaptation n'est pas la seule difficulté : si la capacité professionnelle du salarié à occuper l'emploi de reclassement est acquise, y a-t-il un temps permis pour l'expérimentation ? Pourquoi n'y a-t-il pas une période d'adaptation ? On peut imaginer un droit de rétractation, si le reclassement n'apparaît pas satisfaisant. Pour l'employeur, s'il entend l'utiliser, c'est en restant dans le cadre du licenciement pour motif économique comme pour le salarié.

Ce dernier peut avoir plusieurs raisons de ne pas donner suite à un début de reclassement : le lieu de travail a pu changer et s'éloigner de façon substantielle : faut-il envisager un déménagement, d'où le cas échéant, des questions de scolarité à régler ? En attendant, il faut aussi que l'indemnisation des frais de déplacement soit à la hauteur des dépenses engagées par exemple. Qu'en est-il par ailleurs du salaire ? Reste-t-il le même ? Au regard de l'accord national interprofessionnel sur l'emploi, c'est uniquement pendant la période de préavis qui aurait été applicable s'il y avait eu licenciement que la rémunération est maintenue (au-delà de cette période, il y a juste une indemnité dégressive pendant 6 mois compensant une partie de la différence entre l'ancien et le nouveau salaire).

Face à ces incertitudes liées à un reclassement interne, la perception d'une indemnité de licenciement peut représenter une perspective attractive : l'épargne ainsi constituée en une seule fois n'aurait pu être acquise avec le seul salaire habituel, tout au moins pas de façon instantanée.

La rupture conventionnelle

L'idée est intéressante : concevoir une rupture d'un commun accord du contrat de travail. De la même façon qu'employeur et salarié se sont mis d'accord sur un contrat de travail, le cas échéant complété ou modifié par avenant, pourquoi ne pourraient-ils pas convenir de se séparer de façon concertée ? Avant 2008, cette hypothèse existait mais de façon non-organisée par le code du travail : pas d'indemnité de rupture, pas de prestations Assedic, sauf cas particuliers validés par une commission interne. Elle pouvait exister aussi pour le contrat à durée déterminée quand la loi évoque la possibilité d'un accord des parties sur une rupture anticipée. Elle existe encore d'une certaine façon quand un salarié accepte en cas de licenciement pour motif économique la proposition de contrat de sécurisation professionnelle : mais dans ce cas il bénéficie des prestations de France Travail prévues à cet effet et d'une indemnité de licenciement.

Elle connaît depuis sa création en 2008 un succès constant, à raison de plus de 400 000 cas homologués par an (plus de 500 000 en 2022). En moyenne, cela représente environ 35 000 à 40 000 ruptures par mois c'est-à-dire plus de mille par jour !

Les motivations sont évidentes : éviter l'exigence d'un motif réel et sérieux pour un licenciement dont la validité reste aléatoire avec en outre une procédure qui peut être traumatisante, pour les deux parties. Dans une période de récession, la rupture conventionnelle permet de réduire progressivement et discrètement un sureffectif. On a connu ensuite la rupture conventionnelle collective, qui relève toutefois d'une autre procédure. Pour le salarié, c'est la perspective de bénéficier de l'indemnité de rupture prévue à cet effet et des prestations chômage.

Les critiques sont cependant nombreuses à l'égard de ce « divorce à l'amiable ». Il se déroule généralement dans le secret du bureau de la Direction, sans réelle procédure préalable à la signature, sans savoir réellement qui a pris l'initiative, et c'est au bon vouloir de l'employeur qui veut maintenir une distinction entre une démission et une rupture conventionnelle. Certes, il existe une possibilité de rétractation pour chacune des deux parties : en pratique, elle est très peu utilisée. Une fois que c'est signé c'est signé, et chaque partie en a déjà tiré les conséquences. Cette formule a permis de définir un calendrier et le montant de l'indemnité qui sera versée. Contrairement au licenciement pour lequel la discussion d'une majoration de l'indemnité de licenciement intervient, en principe selon la jurisprudence, après la notification de la décision unilatérale de l'employeur, l'indemnité de rupture fait partie de la discussion préalable à la signature de la convention de rupture.

En pratique, c'est si les parties n'ont pas été suffisamment précises sur le futur solde de tout compte que les difficultés peuvent exister, et c'est au moment de la séparation effective après l'homologation administrative qu'un conflit peut surgir ou ressurgir. Le débat judiciaire demeure possible, contrairement à une transaction : il ne va pas porter sur la rupture (les parties étaient d'accord et aucune d'elles ne s'est rétractée), mais sur des éléments de rémunération ou d'indemnisation d'un préjudice (paiement d'heures supplémentaires, d'éléments variables de rémunération, réparation d'une discrimination).

Après s'être mises d'accord sur le principe de la séparation, les parties se retrouvent, lors de la séparation effective ou après, à négocier une transaction pour éviter ou stopper un procès et à défaut devant les prud'hommes ou la Cour d'appel.

D'autres critiques sont encore possibles : la rupture conventionnelle coûte cher à la collectivité. Le citoyen a du mal à accepter que le chômage soit assuré à des personnes qui auraient pu démissionner. De plus, l'indemnité de rupture est exonérée d'impôt et de cotisations sociales dans une très large mesure. Quand l'indemnité de rupture est majorée par rapport au montant minimal défini par la réglementation, quelle est sa motivation ? Le salarié voulait quitter son emploi, il réussit à convaincre son employeur de signer cette convention et en plus il obtient une majoration de l'indemnité de rupture sans engagement de sa part de ne pas réclamer ultérieurement d'autres indemnités ou salaires. C'est curieux. Soit l'employeur souhaitait son départ et la rupture conventionnelle est alors dévoyée soit c'est la contrepartie de services rendus par le salarié et c'est alors une rémunération déguisée.

Comme on le constate au terme de ce chapitre, le droit du travail, quand il est mis à l'épreuve de la réalité ne se révèle généralement pas trop pointilleux ou tatillon, contrairement à ce qu'on lui reproche, mais bien plutôt trop flou. Et c'est ainsi que les deux parties, employeur et salarié, qui ont chacun été mis dans une case qu'ils n'avaient pas réclamée, se retrouvent à jouer avec des cartes parfois biseautées.

4.

DES RELATIONS AMBIGUËS ENTRE EMPLOYEUR ET SALARIÉ : VERS UNE CORESPONSABILITÉ ?

Si l'entreprise est une propriété privée, le pouvoir appartient au propriétaire chef d'entreprise et le code du travail est là pour créer des procédures encadrant l'exercice du pouvoir de direction. Un tel code règle la forme et préserve le pouvoir patronal. L'autogestion, la cogestion, elles, ne sont plus des sujets traversant les discours : qui en voudrait aujourd'hui ? On parle plutôt de démocratie économique ou sociale, mais s'exerce-t-elle ? Peut-elle d'ailleurs se pratiquer dans l'enceinte privée que représente l'entreprise ?

De nombreux rapports furent élaborés, apportant des éléments de réflexion. Déjà en 1963, François Bloch-Lainé y avait contribué avec *Pour une réforme de l'entreprise*. Mais pour demeurer dans les cinquante dernières années, prenons le rapport remis le 7 février 1975 par Pierre Sudreau au Président de la République : « Plus qu'une réforme de l'entreprise, ce rapport propose un ensemble de réformes pour les entreprises ». En effet, on y trouvait soixante-dix propositions réparties sur dix chapitres dont deux ou trois consacrés à la situation des travailleurs dans l'entreprise : transformer la vie quotidienne de l'entreprise, consacrer la place des hommes dans l'entreprise, améliorer les mécanismes de la participation financière des salariés. Il y avait aussi des propositions pour revaloriser la situation de l'actionnaire, promouvoir la création d'entreprise ou offrir des statuts nouveaux de sociétés. Les critiques furent nombreuses de part et d'autre : la CGPME de l'époque parla de « menaces sur l'entreprise », le CNPF (ancêtre du MEDEF) indiqua que le projet de co-surveillance qui en résulterait serait une manière de « paralyser la direction » des entreprises. Malgré l'attention qui a pu être portée aux évolutions du droit du travail, la seule réelle innovation fut l'adoption en 1977 du bilan social applicable dans un premier temps aux plus de 750 salariés.

Quelques années plus tard, il y eut l'élection de François Mitterrand, qui aboutit le 15 septembre 1981 au *Rapport Auroux*, que nous avons déjà cité. Il formule des propositions autour de quatre thèmes : élargir les droits des salariés, limiter les différentes formes d'emploi précaire, accroître les attributions et les moyens de la représentation du personnel, assurer une couverture conventionnelle de branche pour chaque salarié et développer la négociation collective en entreprise. « Tous les principes essentiels de notre droit du travail qui peuvent fonder durablement le développement d'une démocratie économique seront réaffirmés [...] Il n'est pas question de remettre en cause dans le secteur privé l'unité de direction et de décision dans l'entreprise, il convient d'instituer des mécanismes qui rendent possible l'expression de toutes les énergies et les capacités ». Si certains rapports n'eurent guère de prolongement, celui-ci connut de nombreuses concrétisations : ainsi le droit d'expression collective et directe sur les conditions de travail, le comité de groupe, le droit disciplinaire, les CDD, la commission économique au-delà de mille salariés, le droit d'alerte économique, la subvention de fonctionnement, etc. Il faut dire que c'était un rapport du ministre et donc un programme d'action, et non une contribution d'universitaires, d'experts RH ou d'hommes politiques. Ultérieurement d'autres contributions ont fait date comme le rapport de Jean Frédéric Poisson sur la négociation collective et le paritarisme sous la Présidence Sarkozy – mais c'était sur le terrain des relations collectives de travail.

Il reste néanmoins cette grande question : qui est responsable dans l'entreprise ? Y a-t-il matière à une coresponsabilité dans l'entreprise ?

Les conditions de réalisation du travail éclairent la question : y a-t-il une coresponsabilité ?

Peut-elle exister d'ailleurs ? Ou le salarié est-il condamné à être ce mineur social irresponsable, et l'employeur responsable de tout ? Dans la logique de propriété privée des moyens permettant de réaliser l'objet social de l'entreprise, le propriétaire doit pouvoir prendre les mesures nécessaires : il dirige et le salarié exécute. C'est la définition du contrat de travail : exécuter un travail en étant subordonné. Dans ce cadre, le code du travail ne peut avoir qu'une mission de protection par des mesures de fond ou des procédures formelles. C'est l'employeur face au salarié, face à la collectivité du personnel, face aux représentants du personnel, face à l'Administration, face à la justice. Il est seul et le code du travail lui impose des obligations pour « atténuer » la dureté de la situation. D'où la recherche d'un équilibre ou d'un compromis permanent dans l'entreprise et en dehors selon l'évolution de la situation politique du pays. Selon les époques, on s'est intéressé au salarié ou aux représentants du personnel, et plus précisément à ce qui peut favoriser l'emploi, la qualité au travail et les droits collectifs.

La situation est d'emblée inégale : solitaire, l'employeur doit affronter diverses personnes ou structures. Cela peut durer éternellement puisqu'il ne s'agit pas de remettre en cause la propriété privée, mais alors quelle réponse apporter au mal-être au travail ? quel sens donner à son travail ? Les moyens accordés à la collectivité du personnel, eux, sont-ils suffisants ? Les syndicats auxquels moins de 10 % du personnel apportent une cotisation peuvent-ils continuer à penser et agir de la même façon ? Faut-il aller vers l'affrontement de classes ou vers le paritarisme de négociation et de gestion ? Des dates ou des périodes ont fait avancer les droits collectifs et individuels grâce ou à cause de changements politiques ou sociaux : 1968, 1982, 2008, 2013, 2017, etc. Depuis ce qu'on a appelé la réforme Larcher, du nom du président du Sénat, tout projet de réforme portant sur les relations individuelles et collectives de travail, l'emploi et la formation professionnelle doit faire l'objet d'une concertation préalable entre les organisations patronales et salariales interprofessionnelles au niveau national. Cela avait fonctionné avant cette réforme, en 1968 (les accords de Grenelle), en 2007-2008 (la loi de modernisation du travail qui a amélioré les droits issus d'un accord national interprofessionnel de 1977), cela a aussi fonctionné avec l'accord national interprofessionnel de 2013 à l'origine de la généralisation de la couverture complémentaire maladie.

À d'autres périodes, la négociation interprofessionnelle s'est « grippée » : en 1998-2000 avec l'abaissement à 35 heures de la durée légale du travail par exemple, quand le pouvoir politique prend le pas sur le paritarisme. Plus récemment, le Président Macron et son gouvernement ont dû affronter des assauts judiciaires à propos de leur réforme de l'indemnisation du chômage.

Avec la raréfaction des ressources disponibles, la négociation ne peut plus être une négociation d'addition : on gère la crise ou les crises, d'où des compromis douloureux. Les organisations représentatives sont invitées à concevoir et gérer des économies. Ainsi, au niveau national, l'assurance maladie, le régime chômage et l'assurance vieillesse. Indépendamment de ce paritarisme de gestion, comment le paritarisme de négociation peut-il encore perdurer voire se développer ?

Au niveau de l'entreprise, les évolutions salariales ont été réduites ces dernières années, ce qui relance cette question avec l'augmentation du coût de la vie. Le code du travail ne peut apporter de contribution à une question qui relève de l'économie. Quelle compensation trouver ? L'épargne salariale ? Traditionnellement, les syndicats veulent « du sur » mais son développement peut apporter un début de réponse. Le temps de travail ? La durée du travail a déjà été réduite. L'aménagement du temps de travail : c'est un thème à aborder tous les ans avec la négociation sur les salaires. Mais les tentatives se heurtent souvent à la conciliation vie privée / vie professionnelle.

Il y a aussi les conditions de travail et on retrouve le débat sur le sens à donner au travail avec plusieurs considérations à prendre en compte pour valoriser le travail.

Ainsi, la différence estompée entre l'emploi et le non-emploi : avec un salaire moyen autour de deux mille euros par mois, quelle est la réelle différence de revenu entre les uns et les autres, compte tenu de la politique de redistribution assurée par l'État et les collectivités territoriales ? Certes, le non-emploi ne peut durer indéfiniment. Comparée à de nombreux pays voisins, l'indemnisation du chômage est plus généreuse en France et les tentatives de révision de la durée ou du taux d'indemnisation se sont heurtées ces derniers temps à des résistances (manifestations et saisine à plusieurs reprises du Conseil d'État). Le secrétaire général du parti communiste français lui-même l'a évoqué : faut-il promouvoir le travail ou l'assistanat ? La réponse est déjà bien entendu dans la question. Des études existent pour montrer qu'après la fiscalité et les aides sociales, l'écart des revenus entre actifs et inactifs diminue substantiellement.

Ainsi, entre l'emploi salarié et le travail indépendant : la création ou la reprise d'entreprise s'est développée, certes, mais rapporté au temps de travail, à quel taux horaire travaillent de nombreux indépendants ? Avec quelle protection en cas de perte d'activité ? On mesure l'écart entre la promesse du candidat Macron en 2017 sur l'accès à un revenu de remplacement pour tous, et le résultat limité à ceux qui sont contraints de cesser leur activité non-salariée. Il faut une bonne dose de convictions pour privilégier l'entrepreneuriat. Les UBER et autres utilisateurs de plateforme progressent dans la définition d'un statut : il faut élargir la réflexion à d'autres catégories.

Ainsi, entre le temps plein et le temps partiel : depuis 1977, le politique n'a eu de cesse de considérer le temps partiel comme subi et de le faire progresser vers le temps complet. Quarante-cinq ans après, on se retrouve à devoir distinguer des heures complémentaires et des compléments d'heures ! Pour les premières il suffit d'en prévoir la possibilité sur le contrat de travail, alors que pour les autres il faut un accord de branche et un arrêté ministériel le validant pour en permettre le recours. Les premières font l'objet d'une rémunération majorée contrairement aux autres.

En 2013, toujours dans la même optique, les organisations signataires de l'accord national interprofessionnel le 11 janvier puis le gouvernement et le Parlement le 14 juin ont institué une durée minimale de 24 heures par semaine : il suffit de faire état par écrit de considérations personnelles pour abaisser la durée contractuelle de travail.

La coexistence de plusieurs temps partiels n'est pas organisée, compte tenu de la possibilité unilatérale de modifier la répartition du temps de travail sur les jours de la semaine ou les semaines du mois voire de l'année. Le Sénat a eu l'occasion avant l'an 2000 d'examiner une proposition de loi qui se donnait pour objectif d'organiser un échange entre les divers employeurs du salarié afin de faciliter le co-emploi. Malgré l'opposition du ministre du Travail de l'époque, Mme Aubry, le texte fut adopté au Sénat mais ne put même pas venir en débat à l'Assemblée nationale. Pourtant, il permettait au salarié de pouvoir être à temps plein grâce à plusieurs emplois à temps partiel. La proposition de loi fut reprise, toujours au Sénat, quelques années plus tard : elle n'eut pas davantage de succès !

Le temps partiel continue d'être traité comme un genre mineur : le défaut de certaines mentions sur la lettre d'embauche constitue une infraction pénale et le non-respect de la loi est sanctionné par la requalification à temps plein. Le salarié obtient judiciairement d'être payé à temps plein pour des heures qu'il n'a pas effectuées ! Le passage du temps partiel vers le temps plein est encouragé, mais pas l'inverse : sauf certaines hypothèses comme cas de maternité et donc aussi de paternité, le passage à temps partiel n'est pas un droit. Il faut l'accord de l'employeur, qui peut être conclu pour une durée limitée dans le temps avec, à l'échéance, retour au temps plein ou alors pour une durée indéfinie, ce qui ne répond pas nécessairement à l'attente des parties. Qui plus est, la perte de salaire liée à la réduction du temps travaillé n'est pas compensée.

À l'inverse, l'augmentation du temps partiel est rémunérée : par des heures complémentaires à un taux majoré ou par la contractualisation d'une durée augmentée du temps de travail en cas d'heures complémentaires pratiquées sur au moins douze semaines.

Le temps partiel doit sortir du dérogatoire pour devenir une véritable option.

Ainsi, entre le temps complet à la semaine et le temps complet sur plusieurs semaines, voire sur l'année : le choix dépend de l'employeur dans la limite de 4 semaines quand l'effectif de l'entreprise est supérieur à 50 salariés et de neuf semaines dans le cas inverse. Au-delà, il faut un accord avec la représentation syndicale ou la représentation élue ; en leur absence, en deçà de 20 salariés, il faut un référendum pour dépasser ces quatre ou neuf semaines consécutives, sauf accord de branche. Les partenaires sociaux peuvent limiter les variations d'horaire résultant de cette pratique : c'est un compromis à trouver. En pratique, cela veut dire aussi du temps libéré par rapport à une semaine normale de 35 heures réparties classiquement sur cinq jours. On ne peut pas dire pourtant que cette application pluri-hebdomadaire du temps soit appréciée. Et pourtant, cela peut arranger les parties. Faut-il rester dans le schéma classique ? Des progrès sont possibles, même sans intervention du législateur. Cela suppose aussi de prendre en compte l'articulation vie professionnelle/vie privée.

Ainsi, entre le calcul en heures et le calcul en jours du temps de travail. Ce dernier est réservé aux cadres et dans certaines branches ou entreprises aux techniciens et agents de maîtrise suffisamment autonomes dans l'organisation de leur emploi du temps. Qu'est-ce qui est préférable ? Travailler en heures ou en jours ? Sur le plan des principes, le décompte en heures apporte des garanties, contrairement au calcul en jours qui ne sous-entend pas la maîtrise du temps. En pratique, la distinction est moins stricte : le salarié en heures n'a pas la certitude d'être rémunéré de toutes ses heures et inversement des engagements sont de plus en plus exigés pour assurer le droit au repos des salariés en forfait jours. Là encore, les pratiques ne font pas l'unanimité : les 35 heures ont limité les possibilités de gain et comme certains ont pu le dire, « on ne paie pas ses courses avec des RTT ». Faut-il continuer de maintenir dans ce qui relève du collectif la durée du travail ? À partir d'un minimum correspondant à la norme collective, pourquoi ne pas individualiser le recours aux heures supplémentaires ?

Inversement, les salariés en forfait jours sont, par principe, déconnectés des grilles salariales qui définissent des minima pour 35 heures et la négociation annuelle sur les salaires, qu'elle soit de branche ou d'entreprise, a défini pour eux des rémunérations annuelles censées prendre en compte la « disponibilité » liée à ce type de convention.

Précisons qu'il faut prévenir l'hypothèse d'une charge de travail non raisonnable et d'une rémunération sans rapport avec les sujétions imposées pour éviter la saisine du juge : le salaire doit demeurer indépendant d'un temps de travail ramené à des heures. Il n'en reste pas moins que le forfait jours continue d'être critiqué comme difficilement conciliable avec la vie privée, et combattu judiciairement comme contraire aux engagements pris par l'État français devant ses partenaires européens et internationaux comme ne permettant pas d'assurer le respect du droit à la santé. Certaines stipulations conventionnelles de branche ou d'entreprise ont d'ailleurs prévu la possibilité pour le salarié en forfait jours de revenir unilatéralement à un calcul en heures lorsque ce dernier avait été adopté initialement et que le passage au forfait jours est intervenu ensuite par avenant au contrat initial de travail. Les syndicats et les cadres ont encore du chemin à parcourir pour intégrer la dimension temps de travail dans l'autonomie du salarié : peut-on être autonome et conserver un temps de travail calculé en heures ?

Faut-il maintenir le calcul en jours comme dérogatoire ? Cela suppose de définir, de façon prévisionnelle, ce que sera la charge de travail avec des bilans périodiques pour ajustement éventuel. La judiciarisation des forfaits annuels en jours réduit l'intérêt de la formule.

Le traitement de l'autonomie du salarié est l'une des questions posées par le développement du télétravail, qu'il ait été imposé par le COVID ou qu'il résulte d'un choix des parties au contrat de travail. Le calcul en heures du temps travaillé suppose un suivi. Quand l'horaire de travail est collectif avec un affichage indiquant pour le personnel présent sur un même lieu de travail l'heure de début et l'heure de fin du travail, le suivi est simple : il suffit de constater les présences et personne ne peut être employé en dehors de cet horaire. Quand les salariés d'un même service ou d'une même équipe ou d'un même atelier ne travaillent pas selon le même horaire collectif affiché, il faut assurer selon la réglementation un enregistrement quotidien avec un récapitulatif hebdomadaire des heures effectuées, et ceci par tout moyen : enregistrement électronique, ou manuellement. Le principe date : il permet à l'employeur de justifier auprès de l'Inspection du travail (et du juge, le cas échéant) du temps de travail accompli par chaque salarié.

Le suivi de ces règles a été quelque peu abandonné : la notion d'horaire collectif renvoie à l'industrie, à l'usine, à la notion d'équipe et au travail à la chaîne alors que les modes de production ont évolué, que les activités commerciales et de service se sont développées avec des modes de vie qui ont substantiellement changé. Déjà en 1982, il y a donc plus de quarante ans, la question s'était posée lors de l'abaissement à 39 heures de la durée légale, du devenir des décrets de 1936 et 1937 qui avaient défini les modalités d'application de la loi des 40 heures. Ils se poursuivent jusqu'à nouvel ordre, avaient répondu en substance Jean Auroux et sa collaboratrice Martine Aubry : un décret ayant vocation à s'appliquer à tous les secteurs d'activité était prévu après concertation avec les

Confédérations patronales et salariales. Le texte attendu n'est pas intervenu et avec le passage à 35 heures les anciennes dispositions ont été oubliées.

L'obligation de comptabiliser les heures de travail existe : comment l'appliquer en dehors des locaux de l'entreprise ? Comment appliquer la définition du temps de travail : « la durée du travail effectif est le temps pendant lequel le salarié est à la disposition de l'employeur et se conforme à ses directives sans pouvoir vaquer librement à des occupations personnelles ». Ainsi trois conditions sont requises : être à la disposition, se conformer à des directives, ne pas pouvoir vaquer librement à des occupations personnelles, comme on l'a vu. Avec le télétravail, le décompte en heures est-il adapté ? quel contrôle de l'amplitude de la journée de travail ?

Ainsi, il en est du temps de travail comme de la sécurité : l'employeur est responsable. Malgré ou grâce à l'autonomie du salarié qui peut résulter de l'exercice de ses fonctions, malgré ou grâce à la distance géographique ou fonctionnelle entre la personne physique de l'employeur et le salarié, ce dernier peut mettre en cause la responsabilité de son employeur : responsabilité civile en rappel de salaire pour des heures effectuées en dehors de l'horaire prévu, responsabilité pénale pour des heures ainsi dissimulées. La sécurité dans l'exécution du travail relève de la même logique : le non-respect des consignes de sécurité par le salarié entraîne la responsabilité de son employeur.

On remarquera d'ailleurs que celle-ci n'est pas un sujet de négociation collective.

Peut-il y avoir partage de responsabilité ? Peut-on d'ailleurs poser la question en ces termes dans une relation contractuelle inégale ? La responsabilité est liée au pouvoir de prendre des décisions, lui-même lié au poste occupé. Est-ce d'ailleurs une revendication des salariés ? Certains ne veulent pas nécessairement exercer des responsabilités hiérarchiques ou fonctionnelles. D'autres vont d'employeur en employeur pour une progression salariale mais pas pour s'attirer des problèmes. Est-ce que des salariés sont prêts à investir en temps au détriment de la vie familiale ou extraprofessionnelle ? La motivation au travail n'est-ce pas d'abord et principalement une question de niveau de salaire ?

Plus que la relation avec son employeur, n'est-ce pas plutôt son proche environnement professionnel qui motive le salarié ? Que lui apporte le code du travail sur cette préoccupation ? La qualité de vie au travail, l'ambiance, les relations avec son encadrement, les perspectives d'évolution ne sont-elles pas déterminantes et propices à fidéliser la relation de travail ?

Quelle valeur pour le code du travail aujourd'hui ?

Le code du travail a beau faire 4 000 pages, est-il toujours la référence ? N'est-il plus adapté à certaines situations concrètes ? La négociation interprofessionnelle et les conventions collectives de branche peuvent-elles s'approprier des sujets afin de faire évoluer la réglementation ?

Le niveau interprofessionnel le peut, à son initiative ou à la demande du gouvernement. Encore faut-il que les modifications législatives et réglementaires concrétisent rapidement et fidèlement le résultat des négociations. La négociation de branche est limitée : le Ministère du Travail ne peut valider des dispositions qui ne sont pas en adéquation avec le droit positif quand il est saisi de la demande d'extension d'un accord collectif. Quant à la négociation collective en entreprise, elle ne peut pas davantage s'affranchir des dispositions législatives si la loi ne le permet pas.

Le sujet est vaste : qu'est-ce qui relève de l'ordre public absolu si la négociation collective peut rendre la loi supplétive ?

Pourtant, aussi bien sur le terrain des relations individuelles et collectives de travail que sur le plan de la législation sociale des besoins existent.

Il faut adapter le temps de travail à certaines situations comme le télétravail ou le temps de déplacement (si ce dernier n'est pas du temps de travail, est-il pour autant du temps de repos ?).

Ne faut-il pas rendre conventionnel le concept de temps de travail effectif ? Dans le passé existaient des équivalences : elles définissent un temps de présence supérieur à la durée légale comme égal à celle-ci. Certaines situations de déplacement par exemple ou de temps de visite en clientèle ou de présence passive peuvent gagner en sécurité juridique à être forfaitisées plutôt qu'une éventuelle requalification en temps de travail effectif. Des compromis peuvent être trouvés, entre le tout et le rien actuels.

Il faut revoir diverses obligations administratives : plus le code du travail s'étoffe, moins les inspecteurs du travail peuvent intervenir pour en assurer le respect. Il faut rendre moins réglementaire et davantage conventionnel le droit du travail : qu'est-ce qui doit relever de l'ordre public dit absolu d'origine étatique ? Puisque les seules organisations patronales et salariales qui peuvent négocier au niveau d'une branche sont celles qui ont été déclarées représentatives par arrêté ministériel, pourquoi ne peuvent-elles apporter des réponses aux spécificités de leurs secteurs d'activité sans un contrôle administratif ? Le droit des cotisations sociales (Urssaf, protection sociale complémentaire) n'est pas plus simple : doit-il rester uniquement réglementaire ? Afin de prendre en compte les particularités qui peuvent exister, pourquoi ne pas généraliser la possibilité de conventions entre une branche représentée paritairement et l'Urssaf nationale ?

Compte tenu d'une part de la très faible présence syndicale dans les entreprises et d'autre part de l'absence de représentants élus du personnel dans bon nombre d'entre elles, le référendum peut apporter une solution pour concevoir des accords si on veut aussi limiter la définition unilatérale des normes applicables. Dans le passé, certains ont suggéré d'attribuer la personnalité morale à la collectivité du personnel, qui peut alors désigner son représentant : c'est la même approche permettant de contracter directement avec le personnel en l'absence de représentation syndicale ou élue.

Toujours pour répondre au sens à donner au travail, que fait-on du droit d'expression directe et collective des salariés qui date de 1982 ? Il a pour objet « de définir les actions à mettre en œuvre pour améliorer les conditions de travail, l'organisation de l'activité et la qualité de la production dans l'unité de travail et dans l'entreprise ». Qu'attend-on pour le faire fonctionner efficacement au service de l'entreprise ?

Faut-il continuer de s'inspirer de 1981 ?

Historiquement, 1981 a constitué un véritable changement : tout a commencé par le *Rapport Auroux*, commandé dès le mois de mai 1981, qui sera rédigé par Martine Aubry et publié dès octobre suivant. Son objectif était de faire des travailleurs des citoyens dans l'entreprise et d'organiser le travail dans l'entreprise.

Quel bilan une quarantaine d'années après ? La citoyenneté dans l'entreprise demeure-t-elle une revendication ? Est-elle même une préoccupation ? Quel contenu d'ailleurs lui donner ? Est-ce la liberté d'expression ? Elle a été organisée sur les conditions de travail : qui la fait fonctionner ? Elle a été organisée sur le parcours professionnel avec le droit à la formation. Il faut toutefois la faire vivre sur le terrain de l'employabilité du salarié. Acquérir la citoyenneté ne signifie pas acquérir le pouvoir : il en est de l'entreprise comme de la vie publique. Le salarié participe à une élection : à lui de solliciter, le cas échéant, son ou ses représentants.

Quant à l'organisation du travail, quel en est le contenu ? La durée du travail et l'aménagement du temps de travail sont traités collectivement avec les représentants du personnel et les syndicats. La santé et la sécurité au travail sont traitées via la commission dédiée du CSE quand il existe, via la médecine du travail, via l'Inspection du travail, via le service prévention de la caisse régionale d'assurance maladie (la CARSAT).

Si un danger grave et imminent pour la santé et a fortiori, pour la vie du salarié se déclenche, une procédure de retrait de cette situation a été organisée sans perte de salaire et une procédure d'alerte auprès des représentants du personnel existe aussi.

N'est-ce pas suffisant ? au titre du seul *Rapport Auroux*, quelles mesures ont été adoptées ?

Les textes législatifs dès 1982 et notamment les ordonnances sur les 39 heures et le début de l'aménagement annuel du temps de travail, avec la cinquième semaine de congés payés, les CDD et l'intérim, ont impulsé un mouvement. Le *Rapport Auroux* aura généré ensuite la loi du 4 août 1982 sur les libertés des travailleurs, avec en particulier le droit d'expression des salariés, directe et collective sur le contenu et l'organisation de leur travail.

Puis vint la loi du 28 octobre 1982 sur les institutions représentatives du personnel, avec notamment la création de la subvention de fonctionnement versée aux comités d'entreprise. Ensuite, la loi du 13 novembre 1982 sur le développement de la négociation collective avec la négociation annuelle sur les salaires et le temps de travail. Enfin, celle du 23 décembre 1982 sur les CHSCT qui a instauré le droit de retrait du salarié en cas de danger grave et imminent.

Quarante ans après, que peut-on en dire et surtout est-on à la hauteur des changements espérés ?

La loi du 4 août 1982 a apporté des changements notables. Ainsi elle a réglementé le pouvoir disciplinaire. Jusque-là, il n'y avait pas de procédure spécifique : le pouvoir disciplinaire est inhérent à la qualité de chef d'entreprise et seul l'abus dans l'exercice de ce pouvoir peut être sanctionné. Depuis 1982, on connaît une définition de ce qu'est une sanction, avec l'instauration d'une procédure d'entretien, préalable à la notification de ladite sanction, et on connaît les enjeux de la contestation de la sanction. Celle-ci peut être annulée en cas de non-respect ou d'irrégularité de la procédure, si elle est injustifiée parce que les faits sont matériellement non établis ou encore si elle est disproportionnée. Par exemple, une mise à pied de trois jours n'est pas réduite, mais annulée dans un de ces trois cas. Cependant le licenciement n'est pas annulé (sauf pour les salariés investis d'un mandat représentatif ou syndical) : il est sanctionné par des dommages-intérêts pour irrégularité de procédure et absence de motif réel et sérieux. Cette loi introduit aussi une prescription du fait fautif au-delà de deux mois à partir du moment où l'employeur en a connaissance : sauf s'il a donné lieu dans le même temps à l'exercice de poursuites pénales, il ne peut donner lieu « à lui seul » à l'engagement de poursuites disciplinaires au-delà de ce délai. Par ailleurs, une sanction de plus de trois ans ne peut être invoquée à l'appui d'une nouvelle sanction.

Cette loi a entraîné des conséquences pratiques : il a fallu revoir de fond en comble le règlement intérieur. Jusqu'ici, son contenu n'était pas réglementé : on y trouvait des interdictions de faire ou de ne pas faire, une liste de sanctions possibles, diverses obligations comme le respect des horaires qui étaient indiqués dans le corps même du texte, l'obligation d'être en tenue de travail à l'heure où il commence, etc.

Le législateur de 1982 a fait en sorte de concrétiser la volonté politique d'assurer des libertés pour le travailleur dans l'entreprise : il recense les thèmes devant y figurer (mesures d'application de la réglementation en matière de santé et de sécurité, règles générales et permanentes relatives à la discipline, les droits de la défense et le harcèlement moral) et ce qui est exclu : des dispositions contraires aux lois et accords collectifs, des restrictions aux libertés non justifiées par la nature de la tâche à accomplir, ou non proportionnées au but recherché ou des mesures discriminantes.

Obligatoire à partir de 20 salariés à l'époque (le seuil a été porté depuis à 50), il a fallu le soumettre aux inspecteurs du travail territorialement compétents et c'est ainsi qu'on s'est retrouvé avec des appréciations divergentes d'une inspection à l'autre, sans autre coordination que celle résultant du résultat des recours administratifs ou juridictionnels. Chaque complément ou modification doit donner lieu à l'adoption d'un avenant au règlement intérieur, avec avis des représentants du personnel quand il en existe et dépôt au conseil de prud'hommes et à l'Inspection du travail de l'avenant et affichage dudit avenant dans les lieux de travail.

Ces diverses obligations apparaissent disproportionnées par rapport à la portée du texte : ainsi le dépôt aux prud'hommes. Si une sanction est contestée, les parties au litige produisent le texte aux conseillers prud'homaux. Au niveau de l'Inspection du travail, c'est avec une périodicité très irrégulière que des observations administratives sont adressées : le contrôle est aléatoire, il semble dépendre de l'emploi du temps de l'inspecteur du travail.

De plus, c'est sur le terrain des notes de service que s'exerce le pouvoir patronal et là il n'y a guère de contrôle. C'est une innovation de la loi du 4 août 1982 : les notes de service comportant des obligations générales et permanentes dans les matières relevant du règlement intérieur (sécurité, santé, discipline, harcèlement) sont des adjonctions au règlement intérieur au fur et à mesure de leur adoption.

Sauf en cas d'urgence pour celles traitant de la santé ou de la sécurité au travail, les notes de service ne peuvent entrer en application qu'après respect de la procédure de consultation des représentants du personnel, dépôt aux prud'hommes et à l'Inspection du travail, affichage dans l'entreprise et entrée en application au plus tôt un mois après l'accomplissement de la dernière de ces formalités. Autant dire que ce nouveau dispositif a fait parler de lui à l'époque ! Est-ce que la note de service comporte une obligation générale et permanente ? Est-ce qu'elle modifie une disposition figurant dans le texte initial ? Autant de sources de contestation !

Mais qui s'y intéresse encore 40 ans après ? En pratique, il y a peu de procédures de modification de règlements intérieurs considérées comme devant être soumises à l'Inspection du travail. Cependant, il y a eu de nombreuses notes de service sur les conditions de travail et la santé ces dernières années, ne serait-ce qu'en lien avec le COVID. Les employeurs se sont exonérés de les soumettre à l'Inspection du Travail : la loi, en cas d'urgence, permet une application immédiate avec seulement une communication au secrétaire du comité économique et social (lequel secrétaire n'existe que dans les entreprises d'au moins 50 salariés) et à l'Inspection du travail.

Dès lors, quel avenir pour le règlement intérieur ? Il existe actuellement à partir de 50 salariés. Avant le 1er janvier 2020, c'était à partir de 20 salariés. Ce changement de seuil montre l'absence d'intérêt du document, puisque les entreprises peuvent en être dotées ou non, et cela ne change pas leur fonctionnement ou l'application du pouvoir disciplinaire. D'ailleurs, pour les entreprises dont l'effectif est compris entre 20 et 50 salariés ont-elles pris soin de le supprimer en informant les salariés, les représentants du personnel, l'Inspection du travail, le conseil de prud'hommes ? Non, semble-t-il : dès lors il existe encore. Et, en dehors de fixer une limitation de la mise à pied, quelle est sa portée ? Il en est pour ces entreprises comme pour celles de moins de vingt salariés : le pouvoir disciplinaire s'exerce, les sanctions de type avertissement, mise à pied et licenciement s'appliquent – la procédure applicable est définie par la loi. Quant aux mesures d'application de la réglementation en matière de santé et de sécurité au travail, au-delà des principes qui relèvent du code du travail, elles sont fixées par des notes de service, sur lesquelles, aucun contrôle administratif ou judiciaire n'existe en amont.

Pour ce qui est du droit d'alerte en cas de danger grave et imminent, des harcèlements moral et sexuel, des agissements sexistes, qui constituent des thèmes relevant du règlement intérieur, leur mention ne fait que reprendre les dispositifs existants. Les moins de 50 s'en passent. Les plus de 50 salariés ne pourraient-ils pas s'en passer puisque les textes s'appliquent de la même façon ?

Peut-on sauver le règlement intérieur ? Cela supposerait de lui trouver une utilité ! Les politiques ont pu y voir une solution pour les questions tournant autour de la manifestation des libertés d'expression religieuse, avec ce qu'on a appelé le foulard islamique. Comment régler la question ? Il a été décidé que le règlement intérieur « pouvait comporter » des restrictions à la manifestation des convictions des salariés, si celles-ci sont justifiées par l'exercice d'autres libertés et droits fondamentaux ou par les nécessités du bon fonctionnement de l'entreprise, et à condition qu'elles soient proportionnées au but recherché. Et encore, cela ne concerne que le personnel en contact avec la clientèle. À supposer que le règlement intérieur puisse être un support, la question vaut aussi pour les entreprises de moins de 50 salariés qui n'y sont pas assujetties. De plus, de quelle autorité disposent les inspecteurs du travail pour apprécier, chacun à leur niveau, l'adéquation des mesures à l'objectif recherché ? En pratique, c'est la concertation interne à l'entreprise qui doit fonctionner et non une mesure générale et permanente : ces manifestations peuvent prendre des formes diverses et évoluer.

La loi du 4 août 1982 n'aura pas perdu pour autant de son intérêt : outre la procédure applicable en cas de sanction qui demeure utile, il reste le droit d'expression sur les conditions de travail dont on peut craindre qu'il soit passé aux oubliettes : qui le pratique encore ? Que sont devenus les accords collectifs conclus après cette loi ? En a-t-on fait le bilan ? Qui peut produire les notes de service qui ont organisé ce droit, à défaut d'accord collectif ?

Et pourtant, voilà un sujet porteur : définir les actions à mettre en œuvre pour améliorer les conditions de travail avec une protection des opinions qui peuvent être émises dans ce cadre. Est-ce parce que c'est sur le temps de travail et rémunéré comme tel ? Est-ce que son traitement lors de la négociation triennale sur l'égalité professionnelle femmes/hommes pose une difficulté ? Craint-on une mise en cause du pouvoir patronal ? Les représentants du personnel et syndicaux redoutent-ils un contournement de leurs attributions ? Toujours est-il qu'il y a là un droit en pratique inappliqué ou presque !

Pourtant, les bornes existent : l'employeur conserve le pouvoir de ne pas donner suite aux propositions. Les délégués syndicaux définissent de concert avec l'employeur les modalités de ce droit d'expression, et un bilan doit être opéré au moins tous les trois ans, le cas échéant pour réviser l'accord. En l'absence de délégué syndical, c'est la représentation élue qui est compétente pour donner son avis sur les modalités d'exercice de ce droit au moins une fois par an. Quarante ans après, c'est l'indifférence générale et pourtant le législateur a essayé en septembre 2017 (dans l'une des Ordonnances Macron) de le revigorer en ouvrant la possibilité d'un recours aux outils numériques pour l'exercice de ce droit.

Qui s'en est soucié parmi les organisations patronales et salariales ? Et pourtant, les sujets nouveaux n'ont pas manqué ces dernières années. Par exemple, le droit à la déconnexion des ordinateurs et téléphone portables : à moins que cela n'arrange toutes les parties, il faut considérer qu'il y a non pas un droit, mais une obligation de distinguer vie privée et vie professionnelle. De même, pour le télétravail : voilà une manifestation que le fait précède le droit ! En l'espace de 24 heures, avec le recours au confinement, les conditions de travail ont substantiellement changé : des questions pratiques sont posées, mais sont-elles traitées dans le cadre du droit à l'expression directe et collective ? Plus globalement encore, des interrogations s'élèvent sur le sens à donner au travail et son importance par rapport à d'autres préoccupations : la qualité de vie au travail est un sujet à traiter dans ce cadre.

À ce titre, puisque la loi du 4 août 1982 s'était donné pour objectif de promouvoir les libertés dans l'entreprise, et notamment la liberté d'expression, il faut organiser cet exercice : pendant son temps de travail, le salarié exécute son travail, il faut donc un texte autorisant le salarié à faire autre chose que son travail. Le droit d'expression évoqué ci-dessus est un outil qui peut être adapté : le temps de réunion est pris sur le temps de travail et payé en temps de travail. D'autres possibilités de réunions existent, mais elles se situent en dehors du temps de travail (les réunions d'adhérents de section syndicale, les réunions d'information organisées par le comité économique et social dans les entreprises de plus de 50 salariés par exemple). Il peut y avoir aussi des initiatives internes à une entreprise pour permettre au salarié une expression ; par exemple, une boîte à idées, mais le procédé n'existe pas partout, et encore faut-il que l'employeur y donne suite.

Des entretiens périodiques existent : l'entretien professionnel tous les deux ans, qui est consacré aux perspectives d'évolution professionnelle. Il peut permettre un échange sur l'activité, notamment après une absence. Il y a aussi l'entretien annuel réservé aux salariés dont le temps de travail est calculé en jours. Ils permettent une expression, certes, mais elle ne porte pas sur les conditions de travail au sens voulu par le législateur de 1982.

La liberté d'expression politique dans l'entreprise a été écartée : elle reçoit de temps à autre une illustration en dehors de l'entreprise, devant les grilles d'entrée par exemple. C'est purement ponctuel et la direction n'y est pas invitée. L'expression religieuse n'y est pas davantage reconnue : quand et où faire la prière si l'horaire de travail ne permet aucune pause ?

Il y a aussi le CSE qui peut être porteur d'initiatives au profit des salariés.

La loi du 28 octobre 1982 sur le développement des institutions représentatives du personnel a notamment porté sur les comités d'entreprise (CE). Parmi les nouveautés, la subvention de fonctionnement égale à 0,2 % de la masse salariale permet aux représentants du personnel de faire face à des dépenses destinées à couvrir des moyens non imposés à l'employeur.

Avant 1982, la seule subvention versée par l'employeur au CE était destinée à financer des prestations sociales (cadeaux à l'occasion d'événements familiaux, voyages, organisation ou participation à des manifestations sportives ou festives, etc.) En l'absence de montant fixé par la loi, quelques rares conventions collectives nationales de branche avaient fixé un minimum en pourcentage de la masse salariale. C'est principalement la négociation avec le Président du CE qui a permis de trouver un accord sur le montant de cette subvention, lequel est fonction du montant consacré à des dépenses sociales antérieurement à la mise en place du CE. Autant dire un montant généralement réduit, car il s'agit de prestations facultatives. En effet, le CE gère le facultatif et ce qui est obligatoire relève de l'employeur. Cette distinction est fondamentale pour comprendre la séparation des pouvoirs entre le CE et l'employeur : le CE dispose de la personnalité morale lui permettant de prendre des décisions l'engageant et engageant la collectivité du personnel. Pour exercer ces possibilités, il a notamment besoin d'un budget.

Une des difficultés de financement portait sur des modalités de fonctionnement : quand les élus du personnel se déplacent en dehors des réunions organisées par l'employeur, qui paie les frais de déplacement ? En cas d'accident de voiture, quelle assurance fonctionne ? Si la représentation du personnel a besoin de solliciter une consultation auprès d'un expert juridique ou comptable, qui paie ? À défaut de textes législatifs apportant des réponses, des contentieux se sont élevés sur l'utilisation de la subvention destinée aux actions sociales. En quoi la dépense engagée concernait-elle cet objet ? Un CE a plusieurs types d'attributions : des attributions consultatives pour ce qui concerne les domaines économiques et professionnels, et un pouvoir décisionnaire pour ce qui concerne le domaine social.

À compter de 1983, avec la réforme d'octobre 1982, les actions sociales deviennent « des activités sociales et culturelles », sans réel changement sur le fond, et la subvention correspondante est pérennisée dans son principe et son calcul : sauf diminution des effectifs, elle représente d'une année sur l'autre le même montant ou le même pourcentage de la masse salariale.

Alors qu'il n'est consulté que dans le cadre de l'exécution de ses attributions dans les domaines économique et professionnel, le CE gère les œuvres sociales, c'est-à-dire qu'il décide de faire ou de ne pas faire. Concrètement, cela suppose de présenter à la représentation élue (et au chef d'entreprise ou d'établissement qui fait aussi partie du CE) un budget prévisionnel avec recettes et dépenses.

Les recettes sont de plusieurs ordres : la subvention versée par l'employeur et le cas échéant la participation émanant du personnel. En effet, certaines activités décidées et organisées par le CE peuvent ne pas être gratuites (voyages, repas, locations diverses, livres). Le CE a pu aussi placer des fonds. On peut encore trouver l'hypothèse d'une cotisation prélevée sur le salaire et reversée au trésorier du CE : seul un accord reposant sur la signature des organisations syndicales représentant plus de 50 % des suffrages exprimés peut imposer cette contribution, même minime. En effet, un accord collectif peut porter « sur les garanties sociales », sur les « conditions d'emploi ». En pratique, peu d'accords de ce type ont été recensés.

Dans la colonne des dépenses, il y a les prestations et les activités souverainement décidées par la majorité des titulaires du CE, puisque le CE ne peut gérer que ce qui est non-obligatoire.

Cela signifie que la représentation du personnel peut, avec les années, reconduire ou non telle ou telle prestation, en modifier les conditions d'attribution, notamment en termes de niveau de revenu à ne pas dépasser pour être éligible à l'avantage social ainsi mis en place.

La notion d'avantage acquis n'a pas sa place dans ce domaine, elle est réservée à certains éléments de salaire. Précisément, le CE n'a pas compétence pour distribuer du salaire réservé à l'accomplissement d'un travail. Cela n'exclut pas toutefois que des prestations assurées par le CE soient soumises aux cotisations sociales applicables aux revenus salariaux. Ainsi en est-il si des cadeaux dépassent les tolérances fixées par le ministère des Affaires Sociales. Ainsi en est-il encore en cas de prestation co-financée par l'employeur et le CE sur les régimes de remboursements de frais médicaux, lorsque la cotisation salariale est facultative. Cela suppose que le CE prenne en charge les cotisations patronales comme s'il était employeur : en pratique, l'employeur paie les charges sociales et se fait rembourser par le CE la quote-part lui incombant. Le CE, organe collégial doté de la personnalité juridique, a un pouvoir de décision et dès lors il est amené à devoir rendre des comptes : vis-à-vis de l'Urssaf, de l'employeur, de la collectivité du personnel, d'un juge aussi bien sûr.

Et les occasions ne manquent pas ! Ainsi, qui dit approbation du budget dit aussi bilan en fin d'exercice : un exercice peut être déficitaire, mais pas de façon systématique. Cela pose la question de l'utilisation des ressources et en particulier des réserves. Ces dernières, d'où peuvent-elles venir ? Des économies faites les années antérieures sur les dépenses sociales bien entendu, mais elles peuvent aussi résulter de la subvention de fonctionnement. Le CE dispose de deux subventions distinctes destinées à financer des besoins différents : la subvention œuvres sociales peut ne pas être suffisante, et celle affectée au fonctionnement, excédentaire. En effet, les 0,2 % de la masse salariale à consacrer au fonctionnement apparaissent en pratique largement suffisants pour couvrir les dépenses possibles : documentation, expertises, déplacement des élus, papeterie et autres consommables. La tentation est grande de transférer des ressources « fonctionnement » sur la partie du budget consacrée aux activités sociales et culturelles. Pose-t-elle difficulté et dans l'affirmative de quel type ? Pourquoi, après la fin de l'année budgétaire, la représentation élue ne pourrait-elle pas décider d'affecter un excédent aux activités sociales et culturelles ? L'année est terminée, le fonctionnement a été assuré et pour l'année à venir une nouvelle subvention est versée. Que peut-on reprocher à une majorité d'élus titulaires prenant la décision d'affecter tout ou partie de l'excédent aux activités sociales et culturelles pour pouvoir « améliorer l'ordinaire » ?

Si l'employeur qui préside évite de s'opposer à cette délibération, cette décision engage le CE dont le corps électoral est stable pour quatre ans maximum. Si bien entendu cet excédent est utilisé dans le cadre des attributions sociales, que peut dire l'Urssaf ?

Considérer que ce surplus serait devenu un salaire à soumettre aux cotisations sociales ? Un ménage qui économise sur une dépense, on ne lui demande pas de placer cette économie dans un établissement bancaire ou financier. Pourquoi le CE ne serait-il pas majeur dans la gestion de ses ressources ? À cette question posée depuis 1982, il a fallu attendre septembre 2017 pour que le législateur réponde, en limitant toutefois le transfert à un maximum égal à 10 % de l'excédent.

Ces débats sur le pouvoir de décision du CE et ses limites posent aussi la question du pouvoir de l'employeur. Il est membre du CE devenu CSE depuis l'une des ordonnances de septembre 2017 : a-t-il le même pouvoir que chaque titulaire avec une voix ? A-t-il un droit de véto ? Il est à la fois à l'origine des projets de la Direction de l'entreprise ou de l'établissement, et membre d'un organe collégial chargé de représenter le personnel. En pratique, il ne participe pas aux votes sur les projets de la direction, mais il dispose d'une voix comme un titulaire quand il s'agit de voter sur des dispositions qui concernent le fonctionnement interne du CSE (désignation du secrétaire et du trésorier par exemple) et la gestion des activités sociales et culturelles (quelle utilisation de la subvention patronale affectée à ce domaine ?)

Pour illustrer cette situation, prenons l'exemple du règlement intérieur du CSE dont l'objet est de déterminer ses modalités de fonctionnement. Pour exister, il doit résulter d'une délibération du CSE, le président disposant d'une voix comme un titulaire mais il peut bloquer toute adoption d'un texte qui augmenterait ses obligations telles qu'elles résultent de la loi ou de la convention collective. On en arrive à la question : doit-il continuer d'appartenir au CSE ? Puisque celui-ci représente la collectivité des travailleurs, sa composition ne doit-elle pas être limitée aux représentants des salariés ? Dans les électeurs et éligibles pour la mise en place et le renouvellement du CSE, on a déjà exclu le chef d'entreprise ainsi que certains de ses proches. Les commissions internes au CSE ont déjà cette composition faite uniquement de représentants du personnel : pourquoi pas le CSE lui-même ? Cette évolution simplifierait le langage : quand le CSE émet un avis à l'adoption duquel le président n'a pas participé, c'est un abus de langage d'indiquer que c'est l'avis du CSE : c'est l'avis exprimé par la représentation du personnel au CSE. Quand la majorité des titulaires décide de saisir un tribunal contre un projet de la direction, c'est le CSE qui agit contre un de ses membres ? C'est la représentation élue contre la direction !

Une autre illustration de cette ambiguïté : la possibilité pour le CSE de devenir un conseil d'entreprise en intégrant le pouvoir de négocier, de conclure et de réviser les accords d'entreprise, laquelle mission est par principe confiée aux délégués syndicaux et à défaut à la représentation élue. Avec le conseil d'entreprise, la représentation syndicale accepte dans un accord collectif de laisser les élus négocier à sa place. Au lieu d'avoir plusieurs interlocuteurs syndicaux, le chef d'entreprise doit composer avec un organe composé d'élus qui eux-mêmes ont été, au moins pour une majorité, présentés par des organisations syndicales. On en arrive à réfléchir à cette coexistence représentation élue-représentation syndicale et à la représentation du personnel dans son ensemble. Le délégué syndical représente le syndicat auprès du chef d'entreprise ou auprès du chef d'établissement : que devient-il si le CSE intègre le pouvoir de négocier ? Par ailleurs, le représentant syndical représente le syndicat auprès du CSE : avec un organe en charge de négocier des accords collectifs, que devient le représentant syndical ? C'est à l'accord collectif conclu exclusivement avec les délégués syndicaux de répondre à ces questions.

Depuis quarante ans, a-t-on avancé à l'intérieur de l'entreprise sur le terrain de la citoyenneté faisant du salarié une personne responsable sans parler de co-gestion. Peut-on considérer le salarié comme un majeur donc responsable, qui puisse sur certains thèmes intervenir directement ?

Le code du travail permet-il au salarié d'exprimer des choix ? Il peut décider de refuser une période d'essai en vue de son embauche. Il peut décider de refuser une délégation de pouvoir ou une clause de non-concurrence. Au-delà de ces exemples on sait que ses domaines de pouvoir sont limités compte tenu des attributions confiées à la représentation syndicale et à la représentation élue sauf à reconnaître une compétence à la collectivité du personnel devenue bénéficiaire de la personnalité morale lui permettant d'assurer une représentation directe du personnel.

En effectuant un parallèle avec les attributions des syndicats et du CSE, les sujets économiques et financiers leur ont été attribués. Il en est de même des activités sociales et culturelles. Demeurent les thèmes professionnels c'est-à-dire ceux qui concernent les conditions de travail.

Le code du travail ne doit-il pas devenir un code de ressources humaines permettant de traiter les questions pratiques tirées de l'exécution quotidienne du travail ?

Conclusion

Un droit tourné vers l'intérêt général

Au terme de ce livre qui a essayé de brosser un vaste tableau de l'évolution du droit du travail depuis plus de quarante ans, en dégageant les fondements et les limites, il est possible de tirer plusieurs conclusions provisoires. Nous les formulerons par des questions, en espérant que les décideurs, politiques ou syndicaux, tenteront d'y répondre en se souciant de l'intérêt général.

Dans les relations individuelles de travail, il faut admettre que le salarié est soumis à des règles qui régissent l'entreprise, définies avant même son arrivée : il n'a pas le pouvoir de négocier, il subit ou il bénéficie de dispositions qui doivent le protéger. Mais protégé, l'est-il réellement ? Il semble que non, le rapport employeur-salarié étant fondamentalement déséquilibré, puisque le salarié en acceptant son recrutement se soumet à une organisation pré-existante. D'ailleurs, faut-il poser la question en termes de protection du salarié ? Le code du travail contient-il un article sur un objectif de protection du salarié ? Même question pour l'employeur : le code du travail a-t-il vocation à le protéger ? Cela n'est pas écrit dans le code du travail.

C'est du travail dont on parle comme on parle du cadre juridique de l'entreprise dans le code des sociétés. Qui dit travail dit relations de travail : on ne peut pas imaginer qu'elles soient inhumaines, les relations de travail sont donc nécessairement des relations humaines (des RH) à moins qu'il ne s'agisse de ressources humaines : encore des RH.

Le code du travail organise le travail des salariés ayant conclu un contrat de travail. C'est le code du salariat. Cela exclut les non-salariés c'est-à-dire ceux qui ne sont pas subordonnés. Ce n'est pas le code du salarié, de l'employeur ou du non-salarié : c'est le code de l'activité professionnelle réunissant un employeur et des salariés. L'employeur avait-il besoin de ce code ? Non : il a le pouvoir lié à la propriété de l'entreprise. Le salarié tient de ce code l'application de règles ayant pour objet d'encadrer son activité mais aussi le pouvoir de direction. Il a été nécessaire, est-il suffisant ?

Car de quels droits individuels bénéficie-t-il ? Définir sa durée du travail ? Moduler ses horaires de travail ? Individualiser sa rémunération ? Négocier un parcours professionnel en termes de qualification ? Ces questions ne relèvent-elles pas en réalité davantage de la gestion des ressources humaines que du code du travail ? Sur ces points majeurs qui constituent l'ossature du contrat de travail ou encore les éléments qui peuvent être contractuels, qu'apporte le code du travail au salarié ?

Sauf cas particuliers (notamment la maternité, la paternité ou raisons médicales), le salarié ne peut pas choisir sa durée de travail. Peut-il choisir ses horaires ? Là encore, sauf cas particuliers, l'horaire de travail est lié à l'aménagement du temps de travail qui relève, lui, du collectif.

Pour la rémunération, qu'est ce qui permet de l'individualiser ? Il existe bien des variables : participations et intéressements aux résultats mais ils sont de nature collective. Tous les salariés occupant les mêmes fonctions n'ont pourtant pas le même salaire : il y a bien des salaires effectifs individuels mais selon quelle publicité ? Selon quelles règles ? La qualité du service apporté par le salarié est pourtant définissable en amont. Que dit le code du travail sur l'individualisation des salaires ? Rien : c'est la jurisprudence qui demande des éléments objectifs et pertinents pour expliquer des différences individuelles.

Reste enfin – mais il est déterminant – le parcours professionnel ; il y a tous les deux ans, un entretien qui, lui, individualise réellement le processus, et dont il faut saluer l'existence : il est consacré aux perceptives d'évolution professionnelle notamment en termes de qualification et d'emploi. Un état des lieux récapitulatif du parcours professionnel du salarié est prévu tous les six ans pour vérifier que le salarié a bénéficié des entretiens et « apprécier » s'il a suivi au moins une action de formation, acquis des éléments de certification par la formation ou par une validation des acquis de son expérience ou bénéficié d'une progression salariale ou professionnelle. Pour autant, quel est le résultat de cet accompagnement ? La loi, et d'une façon générale, la convention collective n'ont pas organisé l'évolution professionnelle et salariale liée ou non au suivi d'une action de formation.

Cela peut paraître surprenant puisque la formation apparaît pour de nombreux décideurs politiques ou syndicaux comme la réponse au chômage notamment. Cela fait plus de cinquante ans qu'on entend un tel discours. Pour autant, est-ce à la loi et à la convention collective d'apporter une réponse ? Écartons la loi : elle a posé le principe et on ne peut lui faire le reproche de ne pas être allée au-delà.

Quant à la convention collective, la diversité des métiers rend la tâche particulièrement ardue : comment concevoir des règles de progression salariale ou professionnelle adaptées aux multiples parcours ? Il ne suffit pas de poser le principe d'une majoration de salaire, d'une prime ou d'une majoration de coefficient pour que la question soit traitée.

Pour rendre effectifs les entretiens et l'état des lieux récapitulatif, il faut donner de la consistance à chaque item :

– Le suivi d'une action de formation. Quel type d'action ? Une action d'adaptation liée au poste occupé ? Quelle que soit sa durée ? Quelle que soit sa fréquence ? Une action de développement des compétences ? Pour enrichir le poste occupé ? Pour préparer une évolution dans la hiérarchie des fonctions ?

– L'acquisition d'éléments de certification : le jargon de la formation (formations certifiantes, qualifiantes, la VAE) a besoin d'être vulgarisé.

– Obtention d'une progression salariale ou professionnelle : de quelle ampleur ? Même symbolique ? La progression professionnelle par l'évolution du coefficient relève a priori de la convention collective de branche, peu d'entreprises ayant leur propre système de classement des emplois (n'oublions pas que c'est la classification conventionnelle qui est requise sur le bulletin de paie). Quant à la progression salariale, on sait que les entreprises ont intérêt à objectiver les différences de salaire à travail égal : des progrès demeurent à faire.

C'est donc bien à l'entreprise d'intégrer l'approche nécessaire dans sa gestion des ressources humaines. La réglementation actuelle (article L.6315-1-III du code du travail) permet à un accord d'entreprise de prévoir d'autres modalités d'appréciation du parcours professionnel.

Les termes ont leur importance : il s'agit « d'apprécier » le parcours professionnel. La loi a prévu un abondement du CPF en cas de non-respect de la périodicité des entretiens ou en cas d'absence de suivi d'une action de formation non rendue obligatoire par application d'un texte : cette sanction n'est prévue que pour les entreprises d'au moins 50 salariés.

Cette sanction ne règle pas directement la question de l'employabilité du salarié.

Plus globalement, le suivi d'une action de formation devrait s'accompagner d'un écrit indiquant la conséquence ou l'absence de conséquence de celle-ci.

Quant aux relations collectives, apportent-elles des réponses adaptées au salarié ? Les lois intégrées au code du travail imposent des obligations, comme des représentants élus par le personnel à partir de 11 salariés. Cependant, ils ne disposent d'aucune attribution en matière de ressources humaines et pour certains des thèmes que nous avons abordés. En deçà de 11 salariés rien n'est prévu. À partir de 50 salariés, le CSE peut aborder certains sujets, mais avec quel pouvoir réel ? En l'absence de représentation syndicale, il n'existe strictement aucune obligation de négocier pour l'employeur : seule la présence d'un délégué syndical oblige à des négociations périodiques sur certains sujets.

Pour traiter toutes ces questions qui intéressent la collectivité du personnel, pourquoi ne pas développer la négociation collective avec différents acteurs car comment se justifie le privilège syndical de la négociation ? Pourquoi le CSE, lui, n'en bénéficie-t-il pas de manière autonome et non de façon supplétive ? Jusqu'à maintenant, le législateur a distingué le syndicat et la représentation élue en privilégiant le premier. Sans remettre en cause la présence syndicale, la représentation élue a une légitimité et des moyens adaptés à la prise en compte des intérêts de la collectivité. Pour la conclusion d'un accord sur l'intéressement ou la participation aux résultats, le chef d'entreprise a le choix entre l'interlocuteur syndical et le CSE. On a aussi le cas de l'accord conclu par un ou des délégués syndicaux représentant entre 30 et 50 % des suffrages exprimés : un référendum est nécessaire pour valider cet accord.

Ainsi, la priorité syndicale peut ne pas exister : pourquoi ne pas étendre cette option à d'autres thèmes de négociation ?

Les interlocuteurs sont aussi différenciés selon l'effectif de l'entreprise. Selon que l'entreprise a moins de 11 salariés, le cas échéant moins de 20 en l'absence de CSE, moins de 50 salariés ou plus, les règles diffèrent : pourquoi ne pas prévoir un droit identique à la négociation, même si l'interlocuteur n'est pas le même ? Bien entendu, cela supposerait aussi de définir les thèmes ouverts à la négociation.

Pour répondre à ces questions difficiles, le lien capital-travail pourrait devenir le fondement : il s'est déjà concrétisé pour la participation aux résultats, avec un accord national interprofessionnel qui, début 2023, a prévu sous certaines conditions une obligation de négociation à partir de 11 salariés. La loi n° 2023-1107 du 29 novembre 2023 lui a donné force obligatoire.

Et les moins de 11 salariés ? L'association capital-travail ne pourrait-elle s'élargir à d'autres sujets touchant la vie au travail ? Dit autrement, comment passer d'un droit de la décision unilatérale à un droit représentant la communauté de travail qu'est l'entreprise ?

Force est de constater que le niveau de la loi et de la convention collective de branche n'est pas un outil adapté pour cette approche car elles soutiennent une application unilatérale de la norme. Certes, elles permettent la négociation ou, a minima, la concertation. En cas d'échec des discussions, le pouvoir patronal d'édicter des normes s'applique. En cas de conclusion d'un accord au niveau de la branche, son application n'exige pas nécessairement un accord d'entreprise.

Au niveau de l'entreprise, comment concilier les intérêts des propriétaires du capital et ceux des salariés ? Les uns et les autres composent l'entreprise : il y a le chef d'entreprise et il y a les salariés. Dans une logique de construction de règles négociées, ces derniers peuvent-ils aussi constituer une collectivité ayant la capacité de s'engager au même titre que les habituels représentants élus ou désignés ?

Le code du travail a organisé des procédures sur l'exercice du pouvoir patronal. Pour le salarié, comment organiser l'expression individuelle de ses intérêts dans les décisions de l'employeur alors que le CSE a pour mission l'expression collective des salariés ?

De récentes contributions ont développé des constats sur un mal-être au travail. L'absentéisme a augmenté en 2022. La France travaille moins que les pays européens les plus proches certes mais les salariés apparaissent motivés sur des questions de parcours professionnels, sur l'encadrement par leurs managers, sur leur fidélisation : que leur apporte le code du travail sur ces aspirations ? Même si, comme l'a titré un auteur, l'entreprise ne peut être ni une démocratie ni une colonie de vacances, cela n'exclut pas une démarche participative.

Quelques repères chronologiques

Jusqu'au septennat de Giscard d'Estaing

– Les 40 heures issues du Front populaire de 1936 et les heures supplémentaires appréciées à la semaine dans le cadre d'une loi de 1946, mais rien de concret sur le temps partiel.

– Les salaires pour les ouvriers payés à la semaine ou à la quinzaine, avec un montant différent selon le nombre de jours du mois.

– Les délégués du personnel existaient à partir de 11 salariés depuis 1936 ; les comités d'entreprise à partir de 50 salariés depuis 1945.

– Il avait fallu attendre 1968 pour que le droit syndical devienne autorisé dans les entreprises.

– C'est de Gaulle qui introduit la participation aux résultats en 1967, à partir de cent salariés. À noter qu'il y avait eu une ordonnance en 1959 sur l'intéressement, mais son application facultative la rendit totalement confidentielle. On ne parlait pas non plus de plan d'épargne.

– Quatre semaines de congés payés. Il n'y avait pas de RTT pour le droit au repos.

– La formation professionnelle existait depuis 1971 grâce à Jacques Delors, père de Martine Aubry.

– En juillet 1973 apparaît le motif réel et sérieux de licenciement.

– À travail égal salaire égal depuis 1972 : c'est l'ancêtre de l'égalité professionnelle.

Sous Valery Giscard d'Estaing

– La sécurité de l'emploi : loi de 1975 sur le licenciement pour motif économique, suite à un premier accord national interprofessionnel en 1969 qui parle déjà de gestion prévisionnelle des emplois.

– Un premier texte sur le congé parental d'éducation en 1977.

La grande réforme de Giscard, c'est la généralisation de la mensualisation.

La loi du 19 janvier 1978 impose un minimum pour tous les salariés (sauf les travailleurs à domicile, les saisonniers, les intermittents, les intérimaires et les professions agricoles) en matière de :

– Paiement au mois.
– Paiement du salaire en cas de chômage des jours fériés.
– Congés pour événements familiaux.
– Indemnité de licenciement.
– Indemnité de départ en retraite.
– Complément de salaire en cas de maladie ou d'accident.

Avant cette loi, les conventions collectives avaient pu prévoir (ou non) des dispositions sur ces thèmes : il y avait donc une grande diversité de situations. C'est l'accord national interprofessionnel du 10 décembre 1977, annexé à l'article Ier de la loi n° 78-49 du 19 janvier 1978, qui a défini le socle minimum. La loi a donné deux ans aux conventions collectives qui contenaient déjà des dispositions pour s'aligner sur ces minima.

Sous François Mitterrand

Après le 10 mai 1981 et l'élection de François Mitterrand :

– Rapport Auroux, du nom du ministre du Travail, coordonné par Martine Aubry qui avait, à cette fin, sollicité des Inspecteurs du Travail.
– Cinquième semaine de congés payés.
– 39 heures et introduction de la modulation.
– Les CDD et l'intérim.
– Le temps partiel à la semaine, au mois et à l'année.
– Le droit d'expression sur les conditions de travail.
– La négociation annuelle obligatoire des salaires, du temps de travail et plus globalement loi sur le développement de la négociation collective.
– Le comité de groupe.
– Le comité d'entreprise européen.
– Le CHS devient CHSCT (Comité d'hygiène, de sécurité et des conditions de Travail).

– Le droit disciplinaire, le règlement intérieur et les libertés en entreprise.

Jacques Chirac, Premier ministre

Premier ministre de la cohabitation en 1986, Jacques Chirac maintient Martine Aubry à la Direction des relations du travail, qui continue d'œuvrer à l'évolution du code du travail :

– On développe la modulation : les heures supplémentaires peuvent désormais s'apprécier à l'année.

– On réglemente, de nouveau, le licenciement pour motif économique.

Sous Jacques Chirac devenu Président de la République

À la suite de la dissolution de l'Assemblée nationale en 1997, le socialiste Lionel Jospin devient son Premier ministre, avec Martine Aubry comme ministre du Travail. Ensemble, ils lancent les 35 heures (nouveau seuil d'appréciation des heures supplémentaires, création du calcul en jours de la durée du travail, classement des cadres en trois catégories pour le temps de travail).

Deuxième mandat présidentiel de Jacques Chirac (2002-2007)

– Introduction de la supplétivité possible de la convention collective de branche.

– mise en place des allégements Fillon de cotisations sociales.

Sous Nicolas Sarkozy (2007-2012)

– Refonte en 2008 de la loi sur la mensualisation de 1978. (Abaissement de trois ans à un an pour bénéficier du complément de salaire en cas d'indisponibilité médicale, augmentation de l'indemnité de licenciement, création par la loi de périodes d'essai allongées).

– Introduction de la rupture conventionnelle.

Sous François Hollande (2012-2017)

– Généralisation de la couverture des frais de santé.

– Définition d'une durée minimale de travail pour le temps partiel sauf dérogation et réforme du travail du dimanche.

– Ordonnance en avril 2015 sur le portage salarial.

Sous Emmanuel Macron depuis 2017

– Suppression des délégués du personnel, Comités d'entreprise et CHSCT et remplacement par la création des CSE et le cas échéant des représentants de proximité.

– Une nouvelle articulation entre les dispositions conventionnelles de branche et d'entreprise : la branche n'impose un minimum que sur une liste limitative de thèmes.

– Création de la présomption de démission.

– Instauration des primes Macron.

– Réduction du nombre de conventions collectives de branche.

– Instauration du barème Macron sur les dommages et intérêts en cas de licenciement irrégulier ou abusif.

Tables des matières

2.
Un droit conforme aux attentes de l'entreprise ?

3.
Un droit adapté à la vraie vie ?

4.
Des relations ambiguës entre employeur et salarié : vers une coresponsabilité ?

Imprimé en France

Achevé d'imprimer par SEPEC Numérique - 01960 péronnas
N° d'imprimeur : N09137230315
Achevé d'imprimer : mars 2024
Dépôt légal : mars 2024

IMPRIM'VERT®

PEFC 10-31-3532